MON CAHIER LUNE

— AURORE WIDMER —

ILLUSTRATIONS
COUVERTURE : ISABELLE MAROGER
INTÉRIEUR : DJOÏNA AMRANI

W0296063

SOLAR EDITIONS

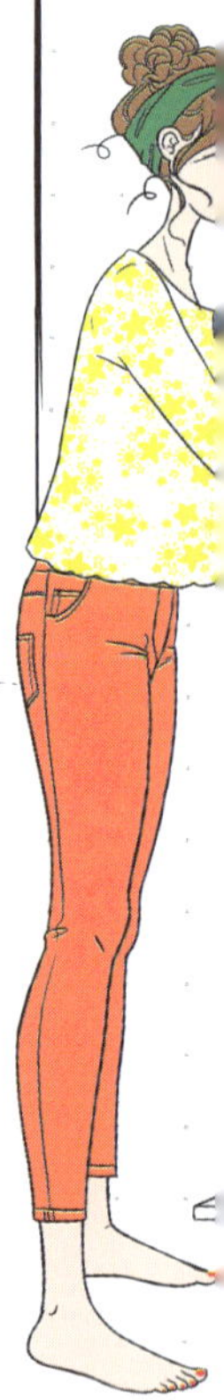

INTRODUCTION

Brillante, douce, mystérieuse... pas étonnant que la lune soit notre astre sœur ! Parfois pleine, parfois absente... Ses cycles fluctuent, tout comme nos émotions, nos pensées ou encore notre énergie. Comprendre ses mécanismes devient alors un véritable guide de bien-être, afin de se reconnecter aux saisons, à la nature et surtout... à soi-même. Suivre les cycles de la lune, c'est s'offrir un moment pour se lancer des challenges, puis un moment de méga patate où rien ne nous résiste, puis un moment de ralentissement et enfin un moment de repos, histoire de reprendre des forces pour repartir de plus belle. Bref, un cycle complet, intense et aux phases complémentaires, pour optimiser tout votre potentiel sans vous épuiser ! En vous respectant, au final. C'est pour ça qu'on s'intéresse de nouveau à la lune !

Écoutez vos besoins et vos cycles émotionnels, physiologiques et énergétiques, reconnectez-vous à vous-même, grâce à un programme lunaire en fonction des signes du zodiaque. Objectif : vivre ces fluctuations avec un maximum de sérénité, de bien-être et d'harmonie.

Mieux : le trajet de la lune à travers les signes du zodiaque dessine un vrai parcours de développement personnel, qui vous permettra d'évaluer votre satisfaction dans tous les domaines et de booster toute votre vie ! Avec un maximum de rituels psy, de méthodes feel good (huiles essentielles, minéraux...) et de yoga, régénérez-vous, établissez des phases dans votre quotidien et revenez à vos envies et besoins essentiels !

Le must : reprendre contact avec votre corps de femme, vous sentir fière et forte grâce au cycle féminin auquel le cycle lunaire ressemble beaucoup. Moon power !

TEST

POURQUOI ME SYNCHRONISER AVEC LA LUNE ?

Pour vous, être efficace, c'est :

□ Ne pas se laisser déborder par ses émotions.

○ Être capable d'avoir une énergie constante.

△ Être affirmée et avoir confiance en soi.

Le matin, votre journée commence souvent avec :

○ Une tornade de pensées.

□ Une mélancolie inexpliquée.

△ Une prise de tête sur la tenue à enfiler.

Ce qui vous gêne le plus au quotidien :

□ Votre hypersensibilité.

△ La façon de vous alimenter.

○ Votre attitude changeante.

En vacances, vous êtes plutôt :

△ Angoissée de devoir enfiler le maillot de bain.

○ Girouette : vous changez souvent d'avis sur le planning.

□ Paniquée en cas d'imprévus.

Si vous pouviez l'expérimenter le temps d'une journée, vous aimeriez :

○ Être un homme.

△ Être une athlète.

□ Être une business woman.

Ce que vous admirez le plus :

△ Votre copine qui s'habille toujours comme elle le veut.

○ Votre copine qui gère tout de front.

□ Votre copine après une rupture.

FAITES LES COMPTES !

○	△	□

Vous avez un maximum de ○ :

Vous avez besoin de vous écouter.

S'il y a bien une chose que vous avez parfois du mal à intégrer, ce sont les humeurs changeantes, vos baisses d'énergie, vos émotions aléatoires, qui vous donnent l'impression d'être une véritable girouette. Vous ne comprenez pas toujours ce qu'il se passe en vous, avez parfois du mal à faire la part des choses et à prendre du recul. Vous vous demandez si tout tourne bien rond chez vous. Résultat : vous vous mettez la pression afin de tout gérer tout le temps. Stop, vous allez craquer ! Écoutez-vous ! Vous reconnecter aux cycles lunaires et comprendre que vous avez vous-même un cycle, des baisses et des montées d'énergie, vous permettra d'arrêter de culpabiliser et de vous mettre la pression, mais aussi de vivre ces phases au mieux. Car vous serez encore plus performante si vous apprenez à ralentir pour mieux vous relancer à la prochaine phase !

Vous avez un maximum de □ : Vous avez besoin d'harmonie.

Il ne se passe pas une semaine sans que vous versiez une petite larme, mais rassurez-vous, ça n'a rien de grave ! Votre nature hypersensible vous joue parfois des tours, vous avez du mal à savoir ce que vous ressentez concrètement, ce tourbillon peut vous donner le tournis. Épuisée de traverser cette intensité, vous avez du mal à vous ressourcer lorsque cela est nécessaire, ne vous autorisant pas toujours des instants de répit. Grâce à ce cahier et aux nombreux astuces et conseils feel good, vous allez prendre du recul, utiliser des outils adaptés pour mieux vous comprendre, mieux gérer vos émotions… Bref, être sereine et en harmonie !

Vous avez un maximum de △ :

Vous avez besoin de vous sentir mieux dans votre corps.

Vous n'êtes pas très enthousiaste face à votre corps et à son fonctionnement. Vous vous sentez parfois complexée, et vous êtes déconnectée de ce qu'il se passe en vous, déconnectée de votre corps. Vous ne percevez pas toujours les sensations corporelles et avez du mal à identifier ce qui serait bon pour vous. Grâce aux cycles lunaires et aux outils tels que le yoga, l'olfactologie ou encore la méditation, vous allez vous reconnecter en conscience à votre corps, à vos émotions et avec votre féminité, le tout avec bienveillance !

Chapitre 1

Le pouvoir mystérieux de la lune

La lune est vénérée depuis des millénaires dans de nombreuses traditions, mais aujourd'hui, on l'a un peu perdue de vue. Elle garde son mystère ! Au final, la comprendre et la décoder n'est pas si compliqué que ça. Pas besoin de télescope ou de cours d'astronomie (même si regarder les étoiles allongée dans l'herbe reste très poétique !). Un bon calendrier, un peu d'observation, et la carte du ciel n'aura presque plus aucun secret pour vous !

La magie de la lune, comment ça marche ?

Même s'il existe quelques études sur l'influence de la lune, la science n'a pas encore réussi à prouver son action directe sur nous ni à comprendre comment ça marche. Et pourtant, toute une tradition millénaire lui attribue des pouvoirs surprenants !

Once upon a time

Le culte de la lune remonte à plus de 5 000 ans en Mésopotamie. Les Sumériens et les Babyloniens ont ainsi fondé les bases d'une religion qui a ensuite influencé la majorité des traditions antiques. Le Dieu lunaire était considéré par de nombreuses civilisations comme le maître du temps et de la sagesse. Mais la plupart du temps, la Lune incarne un visage féminin, plus douce et bienveillante, souvent sœur ou femme du Soleil. Ixchel chez les Mayas, Diane chez les Romains, Artémis, Séléné et Hécate chez les Grecs… Symbole de la fertilité et de naissance (certainement parce qu'elle croît pendant son cycle), c'est une protectrice. Cependant, elle est ambivalente et peut aussi être obscure et mystérieuse. Avec sa phase décroissante et sa relation à la nuit, elle symbolise également la fin du cycle de la vie. Son pouvoir sur l'eau (qui lui vient sans doute de son action sur les marées) peut être positif lorsqu'elle irrigue les cultures, ou effrayant en période d'inondation. Dans tous les cas, on attribuait à la lune un grand pouvoir, puisqu'elle accompagnait tout le cycle de la vie. Pas étonnant que les sorcières l'aient invoquée pour célébrer sa puissance !

Et aujourd'hui ?

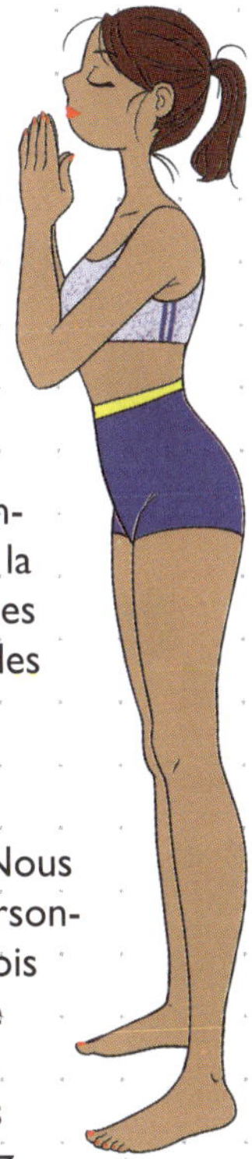

Un outil pour une meilleure hygiène de vie

Encore un peu de magie et de mystère, mais surtout un outil très inspirant ! Il s'agit essentiellement d'une histoire d'énergie. On observe les phases de la lune (nouvelle lune, lune croissante, pleine lune, lune décroissante) auxquelles on attribue une force plus ou moins grande. Plus la lune croît, plus elle nous transmet d'énergie, et plus elle décroît, moins nous recevons d'énergie, et plus nous sommes invitées à nous recentrer sur notre intériorité. Que l'on y croie ou non, se synchroniser avec la lune permet donc d'adopter une meilleure hygiène de vie, en s'accordant des moments de repos et des moments d'action. En y associant d'autres méthodes de bien-être comme le yoga ou l'aromathérapie, vous allez être au top !

Un outil de développement personnel

Liée à la nuit, la lune est aussi un outil pour décoder notre inconscient. Nous avons toutes un signe du zodiaque lunaire, qui décrypte nos traits de personnalité sous-jacents ! En fonction des étoiles, la lune nous lance chaque mois des défis et nous permet d'explorer et d'améliorer des domaines de notre vie. Parfait pour entamer ses projets ou pour avancer dans la vie. Vous ne croyez pas en l'astrologie ? Pas de problème ! Pas besoin de croire en l'influence d'une étoile ! Utilisez juste le calendrier lunaire comme support pour travailler sur vous, vous mettre à l'écoute de vos besoins, de vos envies. Laissez-vous guider par la lune pour vous poser des questions sur votre bien-être et vous inciter à agir et booster votre vie !

Le lien de la lune avec la féminité en fait aussi un outil parfait pour s'épanouir en tant que femme, écouter ses émotions et bien vivre son cycle menstruel.

3 choses qui prouveraient que la lune a vraiment un pouvoir

Ok, utiliser la lune comme une méthode de bien-être, vous n'êtes pas contre. Mais l'énergie de la lune, vous n'y croyez vraiment pas ! Vous avez le droit. Il y a toutefois des faits troublants. Se synchroniser avec la lune serait alors d'autant plus important. Un argument supplémentaire pour le tester. Vous pourriez bien être surprise par son effet !

Elle influence les végétaux

On parle aussi de son influence sur la pousse des plantes. La lumière lunaire et l'eau que celle-ci attire favorisent, dit-on, jusqu'à plusieurs centimètres de profondeur, la germination des graines. En période de lune montante, on observe une montée de sève. La lune stimulerait ainsi les échanges nutritionnels pendant la croissance de la plante et contribuerait, pour au moins une moitié, à faire mûrir haricots, pois et fruits, facilitant la mutation des cellules et activant la formation des sucres.

Selon la même logique, la lune influencerait la pousse des cheveux. Le principe ? Coupez-vous les cheveux et épilez-vous en lune descendante (c'est-à-dire quand, d'un jour sur l'autre, la lune est plus basse dans le ciel) pour qu'ils repoussent moins vite. Les cheveux seraient aussi plus beaux en période de pleine lune.

Elle influence les animaux

Sur les animaux, c'est encore plus marquant. Des animaux se reproduisent davantage ou sont plus actifs pendant la pleine lune. C'est dû à la meilleure luminosité, mais pas seulement. Des études ont montré que les animaux étaient également plus agressifs à cette période ! Alors, pourquoi la lune ne nous influencerait-elle pas, nous aussi ?

Elle influence notre sommeil

Il est très difficile d'apporter des preuves tangibles concernant les effets de l'astre lunaire sur notre corps, la plupart des scientifiques préfèrent garder les pieds sur Terre. Néanmoins, en 2013, des chercheurs suisses ont publié une étude concernant l'impact de la lune sur le sommeil. Dans les 4 jours qui précèdent ou suivent la pleine lune, la durée de sommeil est écourtée de 20 minutes. De plus, la phase de sommeil profond est réduite de 30 % en moyenne. Des dosages sanguins ont aussi révélé que le cycle lunaire influence

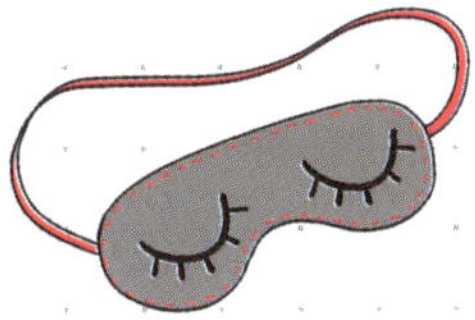

la production d'une hormone fondamentale pour la régulation de notre sommeil, la mélatonine. Si la lune impacte nos hormones, il n'est pas étonnant qu'elle influence également nos émotions, puisqu'elles sont liées !

Les 5 bonnes raisons de se connecter à la lune

1. Pour écouter ses fluctuations énergétiques

Observer les cycles de la lune permet de mieux comprendre pourquoi vous vous sentez à plat certains jours et en pleine forme certains autres. Intégrer ses lunaisons est une merveilleuse boussole pour mieux percevoir votre niveau d'énergie et adapter votre quotidien en fonction de celui-ci. Ainsi, vous ne vous épuisez pas pour rien et ne vous sentez pas frustrée !

2. Pour écouter ses variations émotionnelles

Comprendre ce qu'il se passe lorsque la lune traverse les différents signes du zodiaque permet de comprendre pourquoi vous vous sentez davantage en colère, triste, aventurière, mélancolique, rêveuse… Les influences lunaires sont de très bons indicateurs des émotions quand vous avez la sensation de ne pas savoir d'où cela vient.

3. Pour avancer dans la vie

Être dynamique dans une phase d'énergie et vous reposer dans une période plus tranquille, c'est mieux vous régénérer et vous rebooster lorsque vous en ressentez le besoin. Pour aller plus loin, le programme de développement personnel du chapitre 5 vous permet d'évaluer votre satisfaction dans chaque domaine de votre vie et vous donne des clés pour l'améliorer !

4. Pour se connecter à sa féminité

La lune est profondément liée à la nature féminine, à ses 4 phases de cycle menstruel, à l'intuition, à la sensibilité, à l'inconscient… Autant de qualités attribuées à la lune et à la femme. Décoder les messages de l'astre lunaire vous permet de mieux vous comprendre et de développer des capacités que vous n'auriez jamais soupçonnées en vous. Vous allez être plus créative, plus à l'aise avec votre corps, plus empathique… entière !

5. Pour se connecter à quelque chose de plus grand

Tout ce qu'il se passe dans votre vie est bien plus vaste que votre petit environnement ! Cette résonance avec la lune et les astres est forte, mais nous avons perdu ce lien dans nos vies hyperactives et citadines. Observer les lunaisons vous permet de vous connecter aux rythmes et aux cycles de la vie, de la nature et du cosmos. Vibrer en même temps que tous les éléments procure un sentiment de puissance et de bien-être incroyable ! Le sentiment d'être forte, parfaitement à votre place dans le monde, en harmonie avec vous-même et avec l'univers. L'occasion de vous rappeler ce qui est vraiment important dans votre vie et de revenir à vous.

Les cycles de la lune

Une histoire d'énergie

D'abord, il est important de comprendre la nature cyclique de la lune, à travers ses 4 phases principales : nouvelle, croissante, pleine et décroissante. Vous comprendrez mieux l'énergie qui accompagne chaque phase et l'impact que cela a sur vous, et comment l'utiliser pour optimiser votre vie.

Mais d'abord, les cycles de la lune, comment ça marche ?

La lune tourne autour de la Terre pendant 29 jours. Au cours de ce cycle, même si elle présente toujours la même face à notre planète, le soleil l'éclaire différemment. C'est ce qui crée les différentes phases ! Lorsque le soleil l'éclaire par-derrière, elle est en contre-jour, invisible. C'est la nouvelle lune ou lune noire. Quand le soleil l'éclaire sur le côté, c'est la lune croissante. Quand elle se trouve derrière la Terre, elle est complètement éclairée, c'est la pleine lune. Il y a ensuite la lune décroissante, où le soleil l'éclaire de l'autre côté. Facile !

Pour savoir si la lune est croissante ou décroissante, il suffit d'imaginer une ligne verticale qui la coupe en deux. Si vous pouvez former un « p » minuscule, la lune est en premier quartier, donc croissante. Si vous pouvez former un « d » minuscule, la lune est en dernier quartier, donc décroissante. Easy !

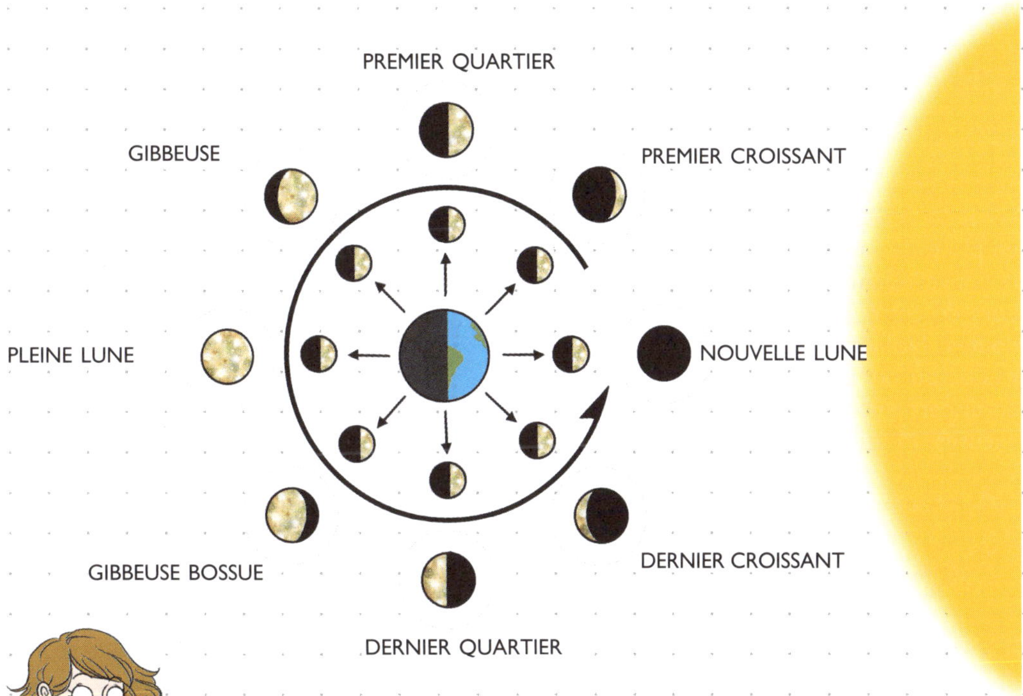

Le petit plus à savoir ? L'orbite de la lune est légèrement inclinée. C'est ce qui explique que la lune n'est pas complètement cachée dans l'ombre de la Terre quand elle passe derrière celle-ci et qu'elle n'éclipse pas le soleil à chaque fois qu'elle passe entre lui et notre planète. À cause de cette orbite inclinée, d'un jour sur l'autre, on la voit monter (c'est la lune montante) ou descendre (c'est la lune descendante) dans le ciel. À ne pas confondre avec la lune croissante et décroissante ! Par ailleurs, la Terre tourne sur elle-même, c'est pourquoi nous voyons la lune se déplacer d'est en ouest dans le ciel.

Jour 1 – Énergie de la nouvelle lune : je pose mes intentions

Cette phase entame le cycle lunaire. La lune n'est pas visible dans le ciel, en contre-jour car le soleil l'éclaire de l'autre côté. Son énergie ? Elle est basse. C'est donc le moment de vous préparer, de vous ressourcer. C'est la phase du renouveau ! Vous allez repartir de zéro, avec un potentiel neuf. C'est une période excitante car tout est possible et un peu magique ! C'est le moment de poser une intention. Profitez du calme, recentrez-vous. C'est un temps d'introspection, car prendre un nouveau départ demande de faire le bilan du cycle précédent et d'établir votre plan d'action pour le cycle à venir.

Jours 2 à 13 - Énergie de la lune croissante : je me lance !

Seul le côté droit de la lune est éclairé. Pendant cette phase, l'énergie croît. Vous êtes invitée à poser les bases, puis à mettre en place des actions qui vont concrétiser les intentions fixées à la nouvelle lune. Vous allez peut-être faire face à des épreuves. Lors de cette phase peuvent se manifester des doutes. Mobilisez votre volonté, ne vous laissez pas détourner de votre but, et faites preuve de discernement pour repérer les mauvaises excuses. Mo-ti-va-tion !

La lune en angle parfait avec le soleil lors des quartiers de lune, aussi appelés nœuds lunaires, perturbe parfois les énergies, ce qui peut entraîner des conflits intérieurs ou des situations conflictuelles. Vous serez amenée à poursuivre votre but, mais à agir avec diplomatie !

Jours 13 à 15 - Énergie de la pleine lune : je profite

Attention, ça peut secouer ! La pleine lune est l'apogée de l'énergie. C'est le moment où vos aspirations se sont matérialisées. Votre intuition est à son maximum… et vos émotions également ! Si vous êtes (hyper)sensible ou empathique, vous pourrez vous sentir très affectée par ces énergies, anxieuse, stressée, émotive ou encore colérique. Car, à cet instant, vous avez besoin de vous extérioriser. Et si vous ne le faites pas, ces choses réprimées vont se traduire par des pensées ou des émotions violentes, difficiles à gérer !

Jours 15 à 28 - Énergie de la lune décroissante : je fais le bilan et je me repose

Le côté gauche de la lune est éclairé. À mi-chemin entre l'intensité de la pleine lune et le renouveau de la nouvelle lune, l'énergie décroît, et il s'agit de faire le bilan. C'est une période d'introspection. Regardez le chemin parcouru, félicitez-vous et notez les enseignements reçus afin de comprendre que chaque expérience vécue, positive ou négative, est bénéfique. Il peut être encore difficile de tourner la page. Pourtant il est impératif de faire de la place pour la prochaine lunaison. C'est comme ça qu'on évolue ! Lâchez prise. Profitez également de cette phase décroissante pour récupérer et reprendre des forces avant le nouveau départ lunaire : donnez-vous de la douceur ! Le moment est venu de vous reposer, de rêver…

La lune et les signes du zodiaque

Certains astrologues et astronomes affirment que les mouvements stellaires ont créé un décalage au niveau astrologique et qu'un treizième signe ferait alors son apparition dans le système zodiacal. Pour le moment, ce n'est qu'une théorie et les signes sont toujours très parlants et utiles lors des différentes analyses.

Fan d'astro ? Ça tombe bien, se synchroniser avec la lune implique aussi le zodiaque ! Connaître les phases de la lune pour prendre conscience de notre énergie et l'optimiser, c'est bien. Mais concevoir les défis qui vont se présenter à nous, c'est encore mieux. C'est à ça que servent les signes astrologiques, combinés à l'influence de la lune !

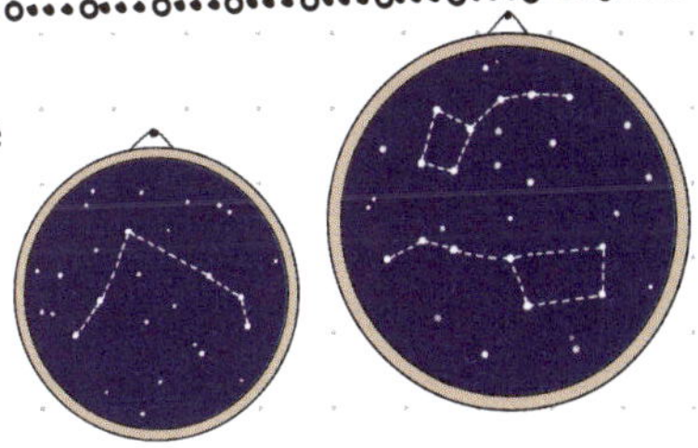

Comment ça marche ?

Notre ciel est aussi peuplé de nombreuses planètes majeures et de milliers de constellations. Lorsqu'on observe le ciel depuis la Terre, les constellations du zodiaque constituent une trame de fond, comme une carte géographique stellaire. On parlera alors de lune en Bélier, par exemple. La lune change de signe tous les 2 ou 3 jours et complète un cycle de 12 signes tous les mois en moyenne. C'est pour cette raison qu'une pleine lune sera dans le signe du Bélier un mois, puis dans le signe du Taureau le mois suivant. Si la lune nous influence, pourquoi pas les étoiles ?

Afin de connaître la position de la lune dans le ciel en ce moment même, vous pouvez vous référer à de nombreux sites internet et savoir ainsi, jour par jour, le signe astrologique dans lequel elle se trouve.

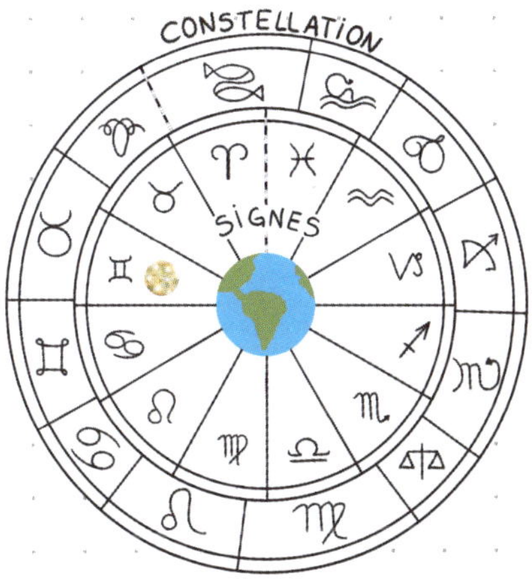

Je veux savoir ce que la lune m'apporte aujourd'hui !

Une lune qui passe dans la sphère d'influence d'un signe astrologique se teinte de la personnalité de celui-ci. Par exemple, sa présence dans le signe du Verseau renforce les notions d'altruisme ou de rébellion ; en Lion les énergies de générosité ou d'orgueil. En Taureau, elle nous invite à plus de sagesse ou de stabilité. Bref, savoir dans quel signe passe la lune permet de savoir ce qu'elle va vous apporter.

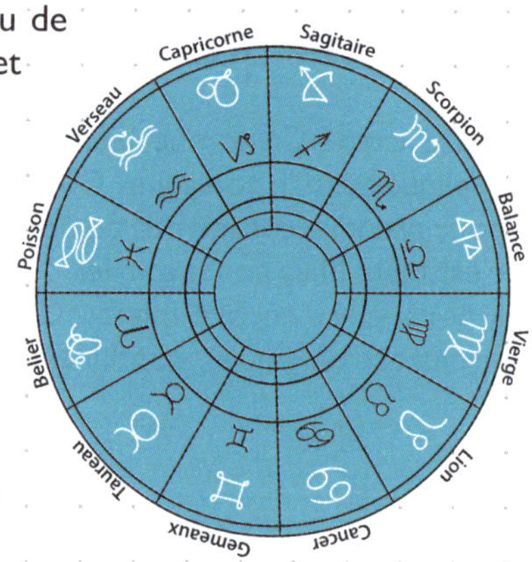

Le caractère des signes

Afin de comprendre l'impact des signes astrologiques, il est important de garder en tête leurs traits de caractère. Lorsque vous serez à l'aise avec leurs personnalités, vous serez très rapidement en mesure de comprendre quelle influence une lune en Poissons ou une lune en Bélier aura sur vous. Chaque signe possède des qualités et défauts, des parts de lumière et d'ombre.

ÉLÉMENT	SIGNE	QUALITÉS	DÉFAUTS
FEU	Bélier	courage et sincérité	impulsivité et colère
	Lion	générosité et volonté	orgueil et autoritarisme
	Sagittaire	optimisme et honnêteté	suffisance et opportunisme
TERRE	Taureau	sagesse et fidélité	inertie et entêtement
	Vierge	serviabilité et délicatesse	perfectionnisme et rigidité
	Capricorne	endurance et patience	égoïsme et raideur
AIR	Gémeaux	adaptabilité et curiosité	dispersion et légèreté
	Balance	équilibre et sociabilité	hésitation et superficialité
	Verseau	avant-gardisme et altruisme	insensibilité et rébellion
EAU	Cancer	créativité et sensibilité	instabilité et refoulement
	Scorpion	lucidité et intensité	noirceur et agressivité
	Poissons	intuition et empathie	indécision et fragilité

Lune, dis-moi tout !

Ainsi, chaque jour, vous pouvez lire la carte du ciel pour vous guider.

Vous pouvez tout d'abord observer dans quelle phase de son cycle la lune se trouve. Cela donne une idée de la force qu'elle peut vous transmettre. Petite impulsion (nouvelle lune), impulsion (lune croissante), puissance (pleine lune), baisse de force (lune décroissante). Cela vous renseigne sur votre vitalité, sur votre état d'esprit.

Puis, vous pouvez observer le signe dans lequel elle se trouve aujourd'hui. Cela permet de savoir ce qu'elle vous apporte. Par exemple, une lune en bélier vous donnera un élan de courage. Vous pouvez également noter son signe lors de la prochaine nouvelle ou pleine lune. L'influence du signe est d'autant plus puissante.

Enfin, vous pouvez faire un parallèle avec votre thème astral : lorsque la lune se trouve dans votre signe principal, votre ascendant ou votre signe lunaire, leurs caractéristiques peuvent vous dire des choses sur vous. Gardez les yeux ouverts !

Est-ce que ça va marcher sur moi ?

Chacune est différente. Nous ne ressentons pas toutes notre corps, nos émotions ou encore l'énergie de la même façon ni avec la même intensité. Il est difficile d'affirmer ce que vous « devriez » ressentir en fonction des différentes phases de la lune. Le plus important n'est pas de ressentir une chose en particulier. C'est de vous mettre à l'écoute de vous-même. Soyez attentive à ce qu'il se passe en vous au fil des cycles, notez-le dans votre agenda lunaire (p. 28) et observez l'impact de la lune et des planètes sur vous. Vous pourriez être étonnée !

Mon signe lunaire

La carte du ciel est comme une photographie à un instant donné. Lorsque vous êtes née, les planètes se trouvaient toutes dans une position spécifique, dans un signe spécifique, à un angle spécifique. C'est ce qui s'appelle votre thème astral. C'est l'ADN astrologique qui vous compose et vous définit. À votre naissance, le soleil était dans l'un des 12 signes, c'est le signe principal dont vous avez très certainement connaissance depuis votre naissance. Mais la lune, elle aussi, était dans l'un de ces signes, c'est votre signe lunaire.

Afin de connaître votre signe lunaire, reportez-vous sur Internet, munie de vos date, heure et lieu de naissance (astrotheme.fr ou calendrier-lunaire-online.net).

Quelle différence avec le signe solaire ?

Le signe solaire donne vos traits de caractère principaux, ceux que votre entourage perçoit au premier abord. Le signe lunaire, lui, reflète des aspects de votre personnalité sous-jacents, plus inconscients et plus subtils. Il n'en est pas moins important, bien au contraire ! Tout comme les deux faces d'une pièce, les deux signes se complètent à merveille. Comprendre votre signe lunaire vous permet de mieux intégrer ce qu'il se passe en vous, les mécanismes et pulsions qui vous portent au quotidien, que vous ne pouvez pas forcément contrôler et dont vous pouvez alors faire une force.

Le signe lunaire, ma personnalité sous-jacente

Connaître votre signe lunaire, c'est connaître vos traits de personnalité sous-jacents. Cela vous permet d'anticiper vos réactions, vos émotions et vos besoins pendant les moments forts du cycle lunaire. Suivant votre personnalité, la nouvelle lune va vous offrir certaines opportunités, et la pleine lune exacerber certains traits de caractère. En bref, cela permet de bien vivre les fluctuations de votre caractère pour vous sentir bien !

Miss Bélier

Mon caractère lunaire : la passionnée

Vous apportez le feu, le dynamisme et la passion dans tout ce que vous faites. Vos émotions bouillonnent et gonflent au fil de vos expériences, cela peut être motivant au quotidien… mais également épuisant ! Hypersensible, réactive et parfois susceptible, vous pouvez agir tel un ouragan. De nature indépendante, vous pouvez rejeter l'aide des autres, mais quand vous travaillez en groupe, vous êtes une bonne meneuse, très stimulante. Dans vos relations, vous recherchez les caractères forts et solitaires ou introvertis et calmes pour vous équilibrer.

Bien vivre la pleine lune : calmer ses émotions

Lors de ce pic émotionnel, attention à ne pas avoir de réaction blessante pour votre entourage. Il est important de canaliser votre énergie de feu avec des loisirs et des activités saines, telles que la méditation, la cuisine en conscience ou encore le yoga. Votre impulsivité peut être un problème si vous laissez vos émotions et votre énergie exploser. Apprenez à prendre du recul et écoutez vos émotions.

Miss Taureau

Mon caractère lunaire : la confiante

Vous aimez l'affection et donnez votre âme tout entière. De nature plutôt calme et stable, vous faites facilement confiance. Vous êtes également très intuitivement connectée à votre corps et à vos sens, il est très important pour vous d'avoir un rythme de vie équilibré et une hygiène de vie saine. Vous pouvez avoir besoin de temps pour matérialiser vos projets mais vous savez conserver le cap.

Bien vivre la pleine lune : canaliser ses émotions

Le signe du Taureau est connu pour se consumer en émotions, surtout si vous vivez une période difficile ou stressante. Attention aux compensations : cette pulsion alimentaire, êtes-vous sûre que c'est une vraie faim ? N'est-ce pas plutôt une façon de calmer une émotion ? Dans cette période d'énergie intense, votre besoin de sécurité et de stabilité est d'autant plus fort. Essayez d'apprendre à être moins dépendante dans vos relations et à vous offrir de la douceur.

Miss Gémeaux

Mon caractère lunaire : la spirituelle

Avec la lune en Gémeaux, vous êtes changeante comme le vent, passant d'une émotion à une autre, d'un état à un autre en un instant. Vous préférez la légèreté et le jeu plutôt que le sérieux et l'ennui. Vous adorez vous cultiver et vous pouvez accumuler une culture générale assez impressionnante. Avec de l'humour, le sens du bon mot et une bonne capacité de négociation, vous établissez facilement des relations, et on apprécie votre intelligence et votre esprit. Vous êtes une bouffée d'air frais pour les autres, mais vous vous oubliez parfois au passage.

Bien vivre la pleine lune : revenir à la réalité

Lorsque vous vous sentez débordée par les émotions intenses de la lune, n'oubliez pas de revenir à votre souffle et de respirer. L'air est très important pour vous : la respiration, les embruns marins, le vent dans les arbres… Vous pouvez vous sentir anxieuse, car votre esprit tout le temps en fonctionnement crée mille scénarios catastrophes. Prenez du recul et notez-les pour déterminer s'ils viennent de vos projections ou de la réalité.

Miss Cancer

Mon caractère lunaire : la lunaire

Signe maître du Cancer, vous êtes une véritable enfant de la lune ! Vous êtes la miss la plus connectée à vos émotions, parfois réservée ou timide, du moins au début, mais vous conservez toujours une apparence très douce. Lorsque quelqu'un a gagné votre confiance, vous lui êtes complètement dévouée, quitte à y perdre des plumes. Vous préférez les petites fêtes intimes avec vos amies proches et aimez le confort de votre foyer, qu'il est donc important de chouchouter au maximum.

Bien vivre la pleine lune : s'entourer

La pleine lune peut vous rendre mélancolique ou faire remonter de la tristesse. Il est important de rester active et sociale, du moins avec vos proches, afin de garder votre feu intérieur allumé. Ne traversez pas vos émotions seule, vous êtes bien entourée, n'hésitez pas à solliciter les autres !

Miss Lion

Mon caractère lunaire : la rayonnante

Avec la lune en Lion, quel que soit votre signe solaire, vous adorez briller et être admirée. Grâce à de grandes aspirations et une volonté implacable, vous pouvez être un leader très inspirant, incitant par votre exemple votre entourage à donner le meilleur. De nature généreuse, aimant vous sentir nécessaire, vous donnez de votre temps pour aider et inspirer autrui.

Bien vivre la pleine lune : tempérer son caractère

Attention à votre ego, il peut faire des siennes pendant cette phase intense ! Prenez de la distance avec vos émotions, essayez de comprendre vos réactions et tournez la langue 6 fois dans votre bouche avant de parler. Si vous vous laissez conduire par votre ego plutôt que votre esprit, vous ne pourrez pas être fidèle à votre cause et ne serez pas capable d'illuminer le chemin pour les autres derrière vous. Alors que vous êtes faite pour ça !

Miss Vierge

Mon caractère lunaire : la rigoureuse

Plutôt pudique et analytique, vous gardez en général vos émotions sous contrôle et préférez prendre les choses avec distance et dérision. Vous n'êtes pas une grande extravertie et ne voulez pas déranger avec vos états d'âme (vous avez d'ailleurs du mal à gérer ceux des autres). Perspicace, lucide et les pieds sur terre, vous vous imposez une saine discipline quitte à être un peu trop sérieuse et rigide parfois. Pour assurer votre équilibre intérieur, vous avez un besoin fort de vous sentir utile au travail ou dans vos tâches quotidiennes et vous les faites merveilleusement bien.

Bien vivre la pleine lune : lâcher prise

Votre capacité à vous charger de tout et à vouloir gérer de A à Z peut entraîner une surchauffe en cette période de pleine lune. Stressée, vous avez du mal à vous détendre, à lâcher prise. Reconnectez-vous à la nature et prenez l'air lors d'une promenade ou d'un week-end escapade. C'est vraiment nécessaire afin de libérer vos émotions et de prendre du recul.

Miss Balance

Mon caractère lunaire : l'harmonieuse

Avec la lune en Balance, vous pensez au bien-être des autres. Bien que votre signe porte sur l'équilibre, vous assurez celui de vos amis avant le vôtre. Vous pouvez être une super conseillère ou thérapeute, car vous ressentez intuitivement les besoins et les émotions des autres. La beauté et l'harmonie trouvent naturellement leur place chez vous, vous posez un regard doux et neuf sur le monde qui vous entoure.

Bien vivre la pleine lune : se recentrer

Cette lune peut perturber votre équilibre. Attention alors à ne pas laisser vos émotions vous emporter ! Assurez-vous d'être au clair avec vos besoins et vos désirs, sans vous laisser déborder par votre idéalisme. Apprenez à gérer votre temps et à ne pas vous oublier : plus vous serez équilibrée, plus vous pourrez aider les autres. Afin de canaliser vos émotions, utilisez les arts comme le chant, la danse ou encore le dessin, pratiques naturelles et innées chez vous.

Miss Scorpion

Mon caractère lunaire : l'émotionnelle

Les émotions tiennent une place très importante dans votre personnalité et vous avez besoin d'une connexion intense avec tous ceux que vous rencontrez. Cela peut parfois déconcerter certaines personnes, mais aussi les intriguer et les pousser à mieux vous connaître. À l'inverse, vous pouvez avoir envie de garder les gens à distance afin de préserver votre jardin secret. L'avantage est que cette émotivité vous donne une intuition à toute épreuve et une facilité à développer votre spiritualité.

Bien vivre la pleine lune : garder la tête froide

Soyez consciente de l'intensité de vos émotions. La jalousie et la possessivité peuvent s'inviter dans cette période intense émotionnellement, apprenez à garder la tête froide et un certain recul. Si vous sentez vos émotions prendre une place trop importante, ressourcez-vous, passez du temps seule et laissez la tempête se calmer.

Miss Sagittaire

Mon caractère lunaire : l'aventurière

Vous êtes comme une très bonne amie, une optimiste au cœur léger, et vous aimez être celle qui remotive. Parfois insouciante (en apparence), vous voyez le meilleur dans toutes les personnes et les situations. Vous êtes douée avec les enfants car vous avez un côté enfantin et aimez le jeu. Vous aimez aussi flirter et vous pouvez avoir du mal à vous engager car votre cœur indépendant et voyageur ne supporte pas la routine.

Bien vivre la pleine lune : apprendre à se poser

Vous ne supportez pas l'ennui et avez toujours besoin d'être en action. La pleine lune peut faire ressortir certaines pulsions et des envies d'ailleurs ou de mieux qu'il n'est pas toujours facile de maîtriser. Apprenez à lâcher prise et à prendre du repos. Pratiquez le yoga ou bien les arts martiaux par exemple, qui vous permettront de vous défouler et de transmuter cette énergie débordante en énergie bienfaisante.

Miss Capricorne

Mon caractère lunaire : la résistante

Vous savez être disciplinée et travailler dur pour accéder à vos objectifs. Vous êtes profondément attachée à votre famille malgré une nature parfois réservée et distante ; vous exprimez votre amour à travers vos actions. Vous pouvez être très inspirante, mais aussi assez intimidante au premier abord. Motivée par l'amour de votre foyer et de vos relations, vous êtes au sommet de votre bien-être lorsque vous vous sentez capable d'apporter harmonie et stabilité autour de vous.

Bien vivre la pleine lune : être bienveillante

Pendant cette phase, le caractère distant de votre personnalité est très fort. Et si vous sentez que vous ne pouvez pas fournir le soutien dont votre entourage a besoin, vous vous jugez indigne et êtes honteuse. Ne soyez pas si dure envers vous-même, vous travaillez si fort, vous méritez d'être fière de vos réalisations. Comprenez également qu'il n'y a rien de mal à demander de l'aide de temps en temps, ou à laisser sortir (voire exploser) ses émotions.

Miss Verseau

Mon caractère lunaire : la philosophe

De tous les signes lunaires, c'est vous qui avez le plus grand besoin de liberté de penser et de liberté d'être. Les amis que vous choisissez aiment la façon dont vous vous impliquez de façon désintéressée et vous savez faire ressortir le meilleur chez les gens. Vous avez un talent pour comprendre comment les choses fonctionnent, mais vous savez également vous détacher de vos émotions pour avancer.

Bien vivre la pleine lune : s'exprimer

Pendant cette phase intense, les émotions que vous gardiez bien sous contrôle peuvent déborder. Attention à ne pas être toujours dans le contrôle, autorisez-vous à montrer votre vulnérabilité, à écrire dans un carnet pour vous décharger ou encore osez vous confier à des amies proches. Acceptez d'accueillir et de traverser ce que vous ressentez afin de mieux vous connecter à votre cœur et de ne pas bloquer les énergies en vous.

Miss Poissons

Mon caractère lunaire : la sensible

C'est le profil le plus sensible. Vous ressentez beaucoup de choses et aspirez les émotions des autres comme une éponge. Votre empathie est votre don le plus puissant et peut vous donner accès à une sensibilité psychologique très forte. Vous ressentez l'énergie ambiante avant la plupart des gens, mais vous pouvez aussi vous sentir dépassée et paralysée par tout ça. Il est important pour vous de définir des limites saines et de purifier votre énergie régulièrement.

Bien vivre la pleine lune : se régénérer

Vous pouvez avoir du mal à déchiffrer vos propres émotions car vous portez souvent celles des autres. Parce que votre empathie est renforcée pendant la pleine lune, vous devez créer un espace dans lequel vous ressourcer en solitaire. N'ayez pas peur de vous isoler de temps en temps : régénérée, vous êtes alors plus apte à faire face au quotidien. Pensez également à écrire dans un carnet les pensées qui vous traversent afin de décharger quotidiennement vos émotions.

Chapitre 2

J'écoute mes lunes

Girl power ! Impossible de parler des cycles lunaires sans aborder le cycle féminin. Ce dernier se découpe en 4 phases principales, cela vous rappelle quelque chose ? Eh oui, nous sommes cycliques comme Dame Lune ! De plus, nous avons de nombreux points communs avec elle. Se reconnecter à notre cycle et comprendre ce qu'il se passe en nous lors des différentes phases, en lien avec les mystères de la lune, nous offre un véritable panorama de nos émotions et fluctuations énergétiques. Il devient alors évident que nous ne pouvons plus vivre déconnectées de nous-même et de l'univers tant la résonance entre la lune et nous est forte !

Les mystères du cycle féminin

Je me connecte à mon cycle personnel

Le corps des femmes intègre un cycle biologique, endocrinien et hormonal qui entraîne des fluctuations. Vous n'avez pas la même énergie au début, au milieu et à la fin de votre cycle. Le prendre en compte vous permet de vivre pleinement ces changements en vous, en harmonie avec eux, sans lutter. Pourquoi se fatiguer et être frustrée quand votre corps ne suit pas ? Vous pouvez être triste ou joyeuse selon les phases, et ça change toute votre perception des choses. Plus vous comprendrez ce qu'il se passe en vous, plus vous apprendrez à en tirer parti afin de vivre en phase avec vous-même et les autres.

La lune & mes lunes

Le terme « lune » était employé par les civilisations anciennes lorsque les femmes avaient leurs règles. On l'utilise de nouveau aujourd'hui, afin de rendre toute sa beauté et sa poésie à ce processus menstruel si longtemps tabou.

Le petit détail troublant : un cycle de lune (le temps que met la lune pour faire le tour complet de la Terre) dure 29,5 jours, soit exactement le temps du cycle menstruel féminin ! Encore mieux : le cycle menstruel féminin a les mêmes phases que le cycle lunaire, c'est pourquoi les traditions anciennes, les tribus amérindiennes, mayas et même l'ayurveda (tradition indienne) pensaient intuitivement que les femmes et la lune étaient reliées. Pour eux, les femmes étaient en résonance avec la lune et, au-delà, avec la terre et le cosmos.

Ainsi, nous vibrons selon les fluctuations énergétiques et physiques du monde, au même rythme que la nature. Les règles représentent notre grand nettoyage chaque mois, nous permettant de renaître pour mieux vivre chacune des étapes du cycle suivant. Tout comme la lune, nous sommes tour à tour renouvelées, visibles puis dissimulées, pleines d'énergie puis apaisées.

Girl power !

Accepter votre nature cyclique vous permet de suivre vos énergies et non plus de les combattre ! Lors de vos règles, il est important de vous reposer et de vous ressourcer, alors que pendant votre phase ovulatoire, il est intéressant de vous ouvrir aux autres. Suivre ses cycles ne veut pas dire que vous êtes plus faible, cela veut dire que vous puisez à des sources d'énergie différentes. Chaque phase est enrichissante ! Il y a plusieurs femmes en vous, plusieurs archétypes : une femme dynamique (la jeune femme), une femme généreuse (la mère), une femme sensible (l'empathique) et une femme sage (la grand-mère). Vivre pleinement les phases de vos cycles, c'est puiser des forces dans chacune de ces facettes. Cela fait de vous quelqu'un de complet, de riche, à la fois fort, rayonnant, séduisant et réfléchi. Génial, non ?

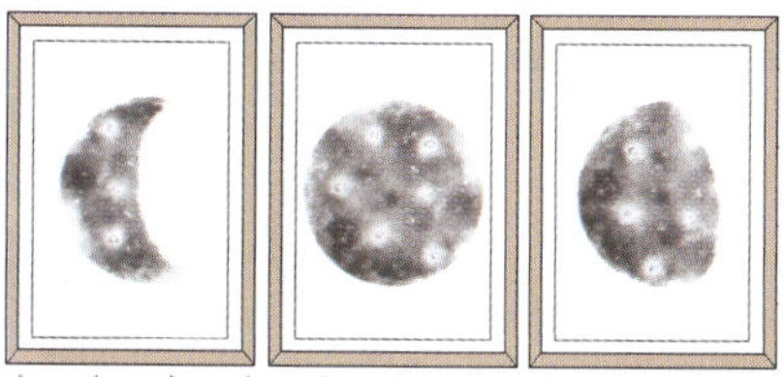

Les lunes, un super guide !

Tout comme vous tirez parti des énergies de la lune afin de vous connecter à ses influences, vous pouvez également puiser dans vos propres pouvoirs. Lors d'une pleine lune dans un signe astrologique dynamique, vous êtes consciente qu'il faut faire attention à vos pulsions. Eh bien, lors de vos cycles personnels, c'est la même chose ! Apprenez à écouter les messages de votre corps, à utiliser votre intuition et, par exemple, à multiplier les rencontres intéressantes lors de votre phase ovulatoire. La lune n'est pas la seule à posséder des super pouvoirs !

5 bonnes raisons de comprendre ses lunes

1. Pour être plus heureuse !

Arrêtez de culpabiliser ! Vous vivez des cycles, qui impactent votre énergie comme vos émotions. Vous ne pouvez pas tout le temps être Wonderwoman ! Intégrez que votre nature est cyclique et que, tout comme la nature selon le cycle des saisons, vous avez besoin de vous reposer pour renaître encore plus forte ! Apprenez à vivre en conscience vos 4 phases à un rythme adapté !

2. Pour se connecter à son corps

Le must : les règles sont un canal direct pour vous relier à votre corps et à vos sensations. Grâce à elles, vous ressentez davantage votre corps et ses besoins. Apprendre à le connaître et à l'écouter est merveilleux ! Un moyen de se sentir femme, ancrée et forte.

3. Pour sentir son appartenance à une communauté de femmes

Car ce phénomène mensuel est trop longtemps resté tabou et nous a isolées. Il persiste beaucoup d'incompréhensions, mais aujourd'hui, les femmes se libèrent, en parlent plus facilement. Les règles deviennent un symbole fédérateur et un moyen de célébrer sa féminité grâce à des rituels.

4. Pour adapter son rythme

Bien connaître son cycle est très utile. Vous êtes ainsi capable de savoir quels sont les jours où vous avez besoin de rester seule et ceux où vous êtes disponible pour d'autres personnes. Vous vous écoutez pour vivre en harmonie avec vous-même et aussi, par ricochet, avec les autres.

5. Pour être fière d'être une femme

Vous avez un corps capable d'autoguérison et d'autogestion, un super pouvoir ! Tous les mois, accueillir un flux qui vous nettoie est une chance. C'est une détox, un processus de renouveau. Vous laissez derrière vous ce qui vous encombre pour évoluer. Pas mal ! Vous pouvez ressentir de la gratitude pour cette capacité à créer une vie ou des projets chaque mois. Mais pour vivre pleinement ce processus, il faut être consciente de son corps et de son cycle.

Je vis mon cycle en pleine conscience

Nous traversons 4 phases : la phase menstruelle, la phase pré-ovulatoire, la phase ovulatoire et la phase prémenstruelle. Chacune possède des énergies propres, des ressentis différents. Décodez-les pour adapter votre rythme et accompagnez-les d'astuces bien-être pour soulager la douleur. Optimisez votre potentiel et trouvez l'harmonie. Laissez-vous guider par vos lunes !

Pendant ma période de règles

Les énergies en place : le repos avant la renaissance

Dans le cycle lunaire, cette phase correspond à la lune noire (nouvelle lune), un moment propice au repos, une période idéale pour être à l'écoute de soi et des besoins de son corps. Ralentir permet d'équilibrer notre intuition et nos facultés intellectuelles. En général, vous redoutez cette phase, c'est pourtant un moment de pouvoir et de renaissance, où vous intégrez les changements dans votre vie. Elle symbolise la fin d'un cycle grâce au nettoyage interne qui s'opère par les règles.

Pourquoi je me sens comme ça?

Votre corps possède moins de force que d'ordinaire, car le processus de nettoyage dans votre utérus mobilise beaucoup d'énergie. Vous avez besoin de vous reposer. Acceptez de soutenir vos organes et le processus de régénérescence cellulaire en ralentissant le rythme. Ne luttez pas contre votre corps! Cette période d'introspection peut être l'occasion de vous laisser emporter dans les rêveries et les envies les plus profondes. Vous pouvez vous sentir fragile et irritable, vous avez besoin d'exprimer vos sentiments et d'être rassurée sur ceux de vos proches. C'est normal dans une période de retour sur soi!

Mes astuces bien-être : soulager mon cycle naturellement

Massage du ventre aux huiles essentielles : appliquez sur le bas de votre ventre un mélange de 3 gouttes d'HE d'estragon et 3 gouttes d'HE de basilic avec 1 c. à c. d'huile végétale (noisette, par exemple), afin de décongestionner et apaiser les gonflements. Massez votre ventre doucement dans le sens des aiguilles d'une montre pendant quelques minutes.

Tisane antidouleur : faites infuser 2 feuilles de sauge, 1 c. à c. d'achillée millefeuille et quelques feuilles de framboisier, plantes réputées pour soulager les douleurs menstruelles. Buvez ce mélange 2 ou 3 fois par jour avant et pendant vos règles.

Le doudou bouillotte! Placez une bouillotte sur le bas de votre ventre lorsque vous en ressentez le besoin et le soir avant de dormir, car la chaleur permet de décongestionner et de détendre toute cette zone.

Après mes règles

Les énergies en place : place au renouveau!

Cette phase correspond à la lune croissante, elle se situe après les règles et avant l'ovulation. C'est une phase dynamique où vous pouvez mettre en application vos inspirations. Une invitation à la liberté, l'indépendance et l'autonomie, tout est à nouveau possible!

Pourquoi je me sens comme ça ?

Votre corps, allégé et détoxifié, est désormais plus souple et dynamique, il prépare un nouvel ovule et mobilise les cellules de vos organes afin de relancer votre système hormonal. Une nouvelle énergie s'installe et vous donne confiance en vous et en vos capacités. Votre sensualité s'exprime avec joie, votre sociabilité et votre façon de communiquer vous permettent de créer de nouveaux liens bénéfiques pour votre épanouissement personnel et professionnel. Vos perceptions mentales et intellectuelles sont plus fines, vous avez une vision claire des choses afin de prendre les bonnes décisions.

Mes astuces bien-être : lâcher prise et me rebooster

Mon huile essentielle booster : respirez plusieurs fois par jour de l'huile essentielle de clou de girofle, elle vous accompagnera pour vous ancrer et pour matérialiser vos projets. L'huile essentielle de palmarosa stimulera votre joie de vivre.

Pendant mon ovulation

Les énergies en place : je rayonne et je prends soin des autres

Cette phase du cycle correspond à la pleine lune, elle vous reconnecte avec votre instinct « maternel » et avec la guérisseuse en vous. L'énergie dynamique du cycle précédent est amplifiée, elle rayonne et inonde les autres. Vous avez envie de partager votre énergie. C'est une phase qui vous invite à la tendresse et au partage de vos émotions. Vous êtes très connectée à votre intuition et à vos émotions. Votre sensualité est au top.

Pourquoi je me sens comme ça ?

La phase d'ovulation provoque un regain de confiance et une ouverture aux autres grâce au pic endocrinien, entraînant la sécrétion d'hormones contribuant au bien-être et au bonheur. La plénitude et l'harmonie que vous ressentez peuvent rayonner autour de vous. Vous avez envie d'offrir, d'aider et d'accompagner vos proches avec joie. Vous pouvez avoir envie de séduire, de vous sentir belle, de porter des vêtements qui vous mettent en valeur et d'affirmer votre pouvoir dans vos projets. La communication et les relations sont favorisées, vous êtes dans la période idéale pour créer de nouveaux liens et renforcer ceux déjà existant.

Mes astuces bien-être : booster ma libido et mon énergie féminine

Mes HE et plantes stimulantes : les huiles essentielles de jasmin ou de cannelle stimulent votre féminité et amplifient votre douceur. Côté

plantes, l'infusion de damania est également appropriée afin de doper votre désir et vous aider à vous lâcher !
Enfin, n'hésitez pas à découvrir la pratique de l'œuf de yoni pour débloquer les énergies dans votre bassin et relancer votre libido en conscience et avec douceur.

L'œuf de yoni

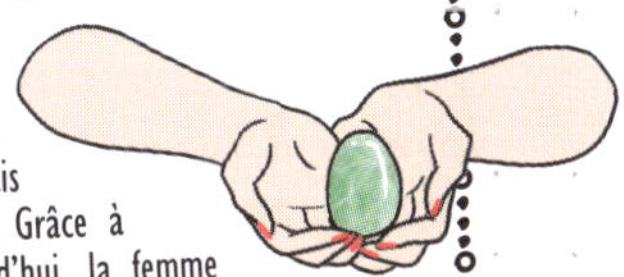

L'œuf de yoni est un œuf de jade qu'on introduit dans son vagin. Son histoire remonte à plus de 2 000 ans dans la Chine ancienne. L'impératrice et les concubines étaient initiées dans le secret à sa pratique afin de renforcer la puissance de leur organe sexuel, conserver leur jeunesse et leur beauté, mais également contrôler l'excitation de l'Empereur afin de faire monter l'énergie dans ses centres supérieurs. Grâce à cette énergie cosmique, il était donc en mesure de prendre de sages décisions pour le royaume. Aujourd'hui, la femme n'est plus un outil pour l'homme, elle est en mesure de reprendre son pouvoir personnel. Cette pratique possède de nombreux avantages, dont la capacité d'autoguérison et d'équilibre, pour soutenir sa vie de femme libre et indépendante.

Avant mes règles

Les énergies en place : je traverse mes émotions

Cette phase correspond à la lune décroissante, vos énergies se tournent à nouveau vers l'intérieur. La force et le dynamisme laissent place aux émotions et à l'intuition. Votre corps ralentit, mais votre esprit, lui, est toujours dans l'action, la réflexion et la création, il continue à tourner à plein régime. Cela peut être frustrant et donner naissance au fameux « syndrome prémenstruel ».

Pourquoi je me sens comme ça ?

La chute hormonale après l'ovulation bouleverse les émotions. Vous pouvez vous sentir en difficulté, incapable de les gérer. Accueillez-les plutôt que de les réprimer, et évacuez vos frustrations de façon saine et créative. Le corps se prépare à entrer dans sa phase de nettoyage, il entame un processus pour s'alléger. Faites de même !

Mes astuces bien-être : apaiser mes émotions et préparer le terrain

Mes HE et plantes calmantes : afin de calmer les inquiétudes et le stress, déposez 1 goutte d'HE de petit grain bigarade, ou de lavande vraie, calmantes, sur votre poignet et respirez plusieurs fois dans la journée. Enfin, une tisane de camomille le soir vous permettra de vous calmer avant d'aller vous coucher.

Mon moon tracker

Analysez vos cycles au fil des semaines et des mois ! Dans ce moon tracker, notez les changements en vous et autour de vous. N'hésitez pas à le reproduire dans un carnet afin de pouvoir établir un suivi sur plusieurs mois et ainsi observer les schémas récurrents. De cette manière, vous reprenez contact avec votre cycle : vous voyez plus facilement les phases et pouvez donc adopter les conseils de ce cahier pour booster votre bien-être.

Commencez le tableau le premier jour de vos règles, et ajoutez ou supprimez des lignes suivant la durée de votre cycle.

	MON NIVEAU D'ÉNERGIE	MON ÉMOTION DU JOUR	MES PETITS BOBOS	MA GRATITUDE
JOUR 1				
JOUR 2				
JOUR 3				
JOUR 4				
JOUR 5				
JOUR 6				
JOUR 7				
JOUR 8				
JOUR 9				
JOUR 10				
JOUR 11				
JOUR 12				
JOUR 13				
JOUR 14				
JOUR 15				
JOUR 16				
JOUR 17				
JOUR 18				
JOUR 19				
JOUR 20				
JOUR 21				
JOUR 22				
JOUR 23				
JOUR 24				
JOUR 25				
JOUR 26				
JOUR 27				
JOUR 28				

Chapitre 3

Mon programme happiness de nouvelle lune

J'embellis ma vie !

La nouvelle lune embellit votre vie ! L'énergie revient, tout se relance, c'est le moment d'enclencher quelque chose de nouveau et de bien, quelque chose qui signe votre bonheur ! Le petit plus : le signe astrologique que la lune croise à chaque nouvelle lune nous apporte une énergie dynamique différente. Par exemple, si ce mois-ci, la lune est en Bélier, vous allez vous sentir plus courageuse, prête à vous lancer dans quelque chose que vous n'avez jamais tenté. De quoi entamer plein de joyeux projets dans tous les domaines, développer la douceur, l'abondance et la connaissance de vous-même !

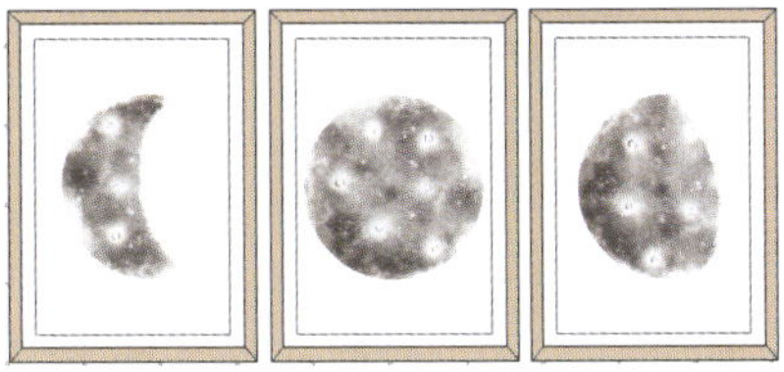

Les 3 façons d'embellir ma vie

De la douceur !

Mettez de la beauté, de l'amour et de l'harmonie dans votre vie ! Grâce au pouvoir de création et d'attraction de la nouvelle lune, vous attirez à vous les bonnes personnes et créez des relations équilibrées. Vous vous ouvrez à de nouvelles explorations. Manifester clairement vos intentions et ce que vous recherchez vous permet de concentrer votre énergie sur ce qui vous fait réellement du bien.

L'abondance !

La nouvelle lune est votre alliée pour manifester l'abondance et les projets dont vous rêvez. Vous êtes en mesure de faire évoluer votre carrière, vos ambitions et vous vous sentez alignée avec votre travail. Vous vous concentrez sur ce que vous souhaitez et non pas sur

ce que vous ne supportez plus afin d'obtenir de plus en plus de choses merveilleuses dans votre quotidien. Vous voyez toutes les réussites et les succès déjà présents dans votre vie afin de les amplifier jour après jour. Avec un tel état d'esprit, plus besoin de vous stresser sur votre chemin, tout se fera naturellement, dans la légèreté et la joie!

Une meilleure connaissance de moi

Grâce à la nouvelle lune, vous êtes capable d'apporter plus de magie dans votre vie, de découvrir des parts de vous-même et d'explorer les profondeurs de votre inconscient. Le but : manifester davantage de bonheur dans votre vie. Vous utilisez les rituels et les temps d'introspection pour analyser ce qu'il se passe dans votre vie et agir. Une vraie aventure!

Comment ça marche?

Une énergie…

Chaque mois, observez le calendrier lunaire pour savoir quand a lieu la nouvelle lune et dans quel signe elle se trouve. Un bon indicateur des opportunités à saisir pour mettre en place des choses dans votre vie!

… et un cristal!

Les cristaux vous accompagnent pour développer vos énergies positives et surmonter vos freins, vos peurs, vos émotions déstabilisantes et vos pensées négatives. De bons supporters pour réussir tout ce que vous entreprenez!

L'intention que vous posez ne dépend pas forcément de l'énergie du signe que croise la lune à ce moment-là. Dans ce cas, il faut faire coïncider les deux et cela peut représenter un challenge intéressant.

Je pose une intention

La nouvelle lune est le moment de clarifier vos pensées et vos rêves. Bref, c'est le moment de poser le challenge perso que vous voulez relever ce mois-ci, en surfant sur les énergies qui se présentent. Cette intention, formulée sous forme de pensée, de phrase écrite ou de dessin, constitue un engagement envers vous-même : vous dirigez toute votre énergie, vos pensées et vos actions vers vos aspirations. En avant pour la loi de l'attraction!

J'appelle la loi d'attraction

La loi de l'attraction est un concept dont vous avez très certainement entendu parler. Le principe? Ce qu'il se passe déjà en vous attire les événements et les personnes dans la même dynamique et qui vous serviront à réaliser vos souhaits. Par exemple, si vous imaginez que le Jules parfait est à portée de main, alors vous l'attirez à vous!

Poser une intention est très puissant lorsque cela vient du cœur. Vous devez la ressentir comme si elle était déjà présente dans votre vie. De plus, la loi de l'attraction ne comprend pas la négation. Par exemple, imaginez-vous en train d'obtenir le travail dont vous rêvez plutôt que de quitter celui que vous ne supportez plus ; imaginez-vous avoir les moyens de partir en voyage plutôt que de ne plus vouloir être dans la difficulté financière. Si on y croit, on y met de la conviction et ça marche. Si on n'y croit pas, ça ne marche pas !

Les règles d'or pour manifester vos intentions

1 **Vous pouvez souhaiter ce que vous voulez**, tant que cela vous semble réalisable, que cela vient du cœur et que cette demande vous permettrait d'être plus heureuse.

2 **Faites les choses dans l'ordre**, avant de souhaiter vous marier, vous pouvez dans un premier temps demander à l'univers de mettre un homme charmant sur votre route.

3 **Pensez avec vos émotions.** Quel sentiment souhaitez-vous ressentir ? N'est-ce pas la joie et la confiance que vous souhaitez plutôt qu'un nouveau Jules ou davantage d'argent sur votre compte en banque ?

4 **Ne pensez pas à changer le monde autour de vous**, ce n'est pas à vous de faire changer une personne ou une situation. Vous pouvez juste souhaiter mieux gérer vos émotions et voir les choses sous un autre angle afin de mieux le vivre.

5 **Jugez-vous avec bienveillance !** Pour recevoir les cadeaux de l'univers, il est important que vous vous sentiez apte à les recevoir. Si vous avez tendance à vous refuser le droit d'être heureuse, commencez à travailler là-dessus. Posez l'intention d'être plus bienveillante envers vous-même !

6 **Formulez toujours votre attention au positif.** Ne pensez jamais en négatif (« je ne souhaite pas »), utilisez uniquement les affirmations « je souhaite ».

À chaque nouvelle lune, il est génial de se sentir accompagnée ! Chaque mois, retrouvez dans les pages suivantes des outils comme les cristaux et des idées d'intentions à poser afin de mettre vos pensées au clair et d'entamer au mieux une nouvelle phase.

Cela ne semble pas fonctionner ? Pas de panique. La prochaine fois, posez votre intention et visualisez qu'elle se produit, votre vie en sera transformée !

Les cristaux, mes doudous astro

Les cristaux pour me soutenir

Les cristaux et les astres, c'est une longue histoire ! S'il n'existe pas de preuve scientifique quant au pouvoir des pierres, on dit qu'elles possèdent des vibrations qui influencent notre énergie. Un bon outil pour profiter des opportunités de cette nouvelle lune ! Les cristaux ont la capacité d'ouvrir votre cœur, votre esprit, de vous apaiser ou de vous énergiser…

Les cristaux pour ancrer mes intentions

Surtout, les cristaux sont d'excellents outils de développement personnel : en psychologie et thérapie cognitive, ils permettent d'ancrer vos intentions, c'est-à-dire d'associer dans votre esprit une intention et une pierre. Rien de plus simple : il suffit de penser très fort à votre intention quand vous tenez votre pierre. Le but ? Que cette intention soit présente à votre esprit (notamment quand vous voyez ou tenez votre pierre), afin de mobiliser la loi d'attraction le plus souvent possible.

C'est pour cette raison que les cristaux sont des alliés puissants lors des rituels lunaires, ce sont des compagnons de voyage bienveillants !

Les cristaux : how to use ?

Afin d'utiliser au mieux les cristaux, vous pouvez méditer en les tenant dans vos mains, en posant une intention que vous ancrez en eux, ou bien en décidant simplement de puiser en eux des énergies pour vous apaiser. Vous pouvez également les porter en bijoux ou dans votre sac autour de la nouvelle lune. Ne les oubliez pas, pensez à leurs bienfaits tout au long de vos journées pour qu'ils soient efficaces !

Mon happy astro

Les influences indiquées ici s'appliquent à chacune d'entre nous, quel que soit notre signe astrologique. Lorsque la nouvelle lune approche, regardez dans quel signe elle se trouve, afin de comprendre ses influences. Travaillez en conscience avec elle, posez la bonne intention pour lancer les graines de votre bonheur !

La nouvelle lune en Bélier

Les énergies en place

La nouvelle lune vient amplifier le dynamisme et le courage du Bélier. C'est le moment idéal pour sortir de votre zone de confort, vous mettre en mouvement et déployer toute votre puissance personnelle. C'est un instant privilégié pour vous connecter à l'amazone en vous, fière et rayonnante !

Mon cristal magique : la cornaline

La cornaline est le cristal de l'enfant intérieur, de la spontanéité, de la créativité et du dynamisme, elle vous permettra de manifester votre joie au quotidien. Elle favorise également le lien à votre féminité et vous aide à vous sentir belle, en confiance et plus affirmée afin d'avoir le courage de mettre en place ce que vous souhaitez dans votre vie.

Mes intentions pour cette lune

Projetez-vous dans 1 an, dans 5 ans ou dans 10 ans. Où vous voyez-vous ? Posez une intention pour vous et pour votre foyer si vous êtes en couple.

....

Si vous pouviez faire quelque chose de novateur et un peu fou ? Posez une intention afin d'oser enfin vous lancer.

....

Comment aimeriez-vous davantage vous mettre en valeur ? Posez une intention afin de vous mettre en avant et rayonner.

....

La nouvelle lune en Taureau

Les énergies en place

La nouvelle lune amplifie le caractère pragmatique, sensuel et persévérant du Taureau. C'est le moment idéal pour prendre soin de vous, de votre chez-vous et de votre situation générale. Recentrez-vous sur vos besoins, votre personnalité, votre corps… Toute réflexion sera bonne à prendre afin d'ancrer davantage de stabilité et de bien-être dans votre vie.

Mes intentions pour cette lune

Quelle est la partie de votre corps que vous aimeriez chouchouter ? Posez l'intention d'en prendre davantage soin le mois à venir.

Quel serait votre repas idéal ? Posez l'intention d'organiser un dîner digne des plus grands festins avec vos amis.

Quel serait votre lieu de vie idéal ? Posez l'intention de vous y trouver très bientôt.

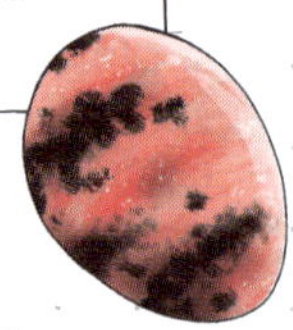

Mon cristal magique : la rhodonite

Équilibrante, elle donne du courage face aux tâches du quotidien. Elle apporte tendresse et douceur, dont vous pouvez avoir besoin lors de cette lune afin d'être davantage bienveillante envers vous-même. Elle aide à surmonter les blessures émotionnelles, pour renforcer l'estime de soi, plutôt que de se comparer et de se dénigrer.

La nouvelle lune en Gémeaux

Les énergies en place

Les Gémeaux sont des agitateurs de mental et des curieux de la vie. Cela peut être stimulant mais également fatigant parfois. Pendant cette nouvelle lune, il est important de communiquer mais aussi de profiter du silence, de passer du temps de qualité avec votre entourage, tout en vous cultivant en solitaire de votre côté.

Mes intentions pour cette lune

Quelles sont les choses que vous aimeriez découvrir seule ? Posez l'intention de le faire.

Quelles sont les personnes que vous aimeriez rencontrer afin de tisser de nouveaux liens ? Posez l'intention d'oser aller vers eux.

Combien de temps souhaitez-vous accorder à vos instants de solitude ? Posez l'intention de le faire régulièrement.

Mon cristal magique : la citrine

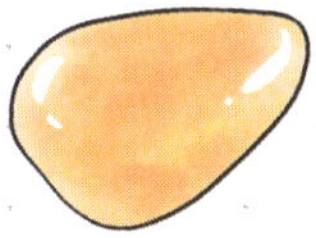

La citrine stimule votre créativité, renforce votre concentration, favorise la compréhension, l'étude et la mémoire. Elle apporte la lucidité dans cette période d'agitation mentale liée aux Gémeaux, ainsi qu'un effet calmant pour y voir bien clair. Enfin, elle favorise l'écoute, l'ouverture et la sérénité dans les relations. Elle vous permettra de traverser cette nouvelle lune dans la joie et l'optimisme.

La nouvelle lune en Cancer

Les énergies en place

Le Cancer est un signe émotionnel très lié à la lune, tenace mais sensible. C'est le moment de faire le plein d'émotions positives, de prendre soin de vous en vous ressourçant en famille et de dépasser vos émotions négatives, vos peurs. Essayez d'utiliser votre sensibilité comme une force, ne la cachez plus sous une carapace !

Mes intentions pour cette lune

Quelles sont les émotions qui reviennent le plus régulièrement ? Posez l'intention de vous écouter et de comprendre les messages de vos émotions.

....

Quelle place souhaitez-vous laisser à l'amour dans votre vie ? Posez une intention en lien avec vos désirs.

....

Quelles sont vos envies concernant la famille et le foyer ? Posez l'intention de construire ce que vous souhaitez dans votre cœur.

....

Mon cristal magique : la pierre de lune

Pierre de légèreté, elle harmonise vos émotions. Elle favorise l'ouverture aux autres et rassure. Vous pouvez alors baisser un peu la garde. Elle développe votre sensibilité, votre intuition, votre créativité et votre douceur, afin d'empêcher les peurs de vous polluer et de vivre plus sereine au quotidien.

La nouvelle lune en Lion

Les énergies en place

Le fier Lion vous invite dans sa danse joyeuse et charmeuse. Cette lune est placée sous le signe du plaisir et de la créativité. Son rayonnement vous entraîne, et c'est le moment idéal pour apporter de la légèreté dans votre quotidien. Amusez-vous, faites la fête, sortez ! Mettez en valeur vos qualités, vos compétences et tout ce qui démontre la belle personne que vous êtes (sans en faire trop, non plus) !

Mes intentions pour cette lune

Quelle forme de créativité souhaiteriez-vous mettre en place ? Posez l'intention d'essayer une nouvelle activité créative.

....

Comment étiez-vous enfant ? Posez l'intention de développer à nouveau les qualités que vous possédiez.

....

Quel degré de spontanéité se trouve dans votre vie ? Posez l'intention de faire quelque chose de rigolo dans les prochains jours.

....

Mon cristal magique : l'œil de tigre

Il s'apparente à un miroir car il renvoie les énergies négatives vers son émetteur, ce qui vous permet de baigner dans des vibrations positives. Il renforce également la clarté et la confiance en vous afin que vous puissiez briller pendant cette lune. Enfin, il harmonise les polarités féminines et masculines pour équilibrer votre mental et votre ego avec votre cœur et vos émotions.

La nouvelle lune en Vierge

Les énergies en place

La Vierge vous insuffle son énergie ancrée et organisée. C'est le moment idéal pour faire le point sur votre vie, votre santé, la manière dont vous pensez et agissez au quotidien. Cette nouvelle lune est placée sous le signe du pragmatisme, alors attention à ne pas être trop dure ou rigide envers vous-même et les autres !

Mon cristal magique : l'aventurine

Elle vous donne de l'énergie, stimule votre créativité, aide à prendre des décisions, à élaborer vos projets et à éclaircir vos idées. Liée au cœur, elle apporte la paix dans votre esprit et aide à contrôler vos émotions, chasse les sentiments négatifs. C'est une pierre de paix et d'équilibre, qui vous permet de garder les pieds sur terre sans pour autant devenir *control freak*.

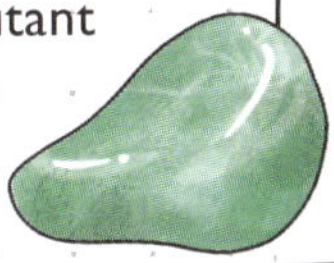

Mes intentions pour cette lune

Que mettez-vous en place au quotidien pour vous conserver en bonne santé ? Posez l'intention d'instaurer de nouvelles routines.

Avez-vous l'impression d'être assez structurée dans votre gestion ? Posez l'intention de mettre de l'ordre dans votre quotidien.

Intégrez-vous de la flexibilité dans votre quotidien ? Posez l'intention de mieux gérer les imprévus.

La nouvelle lune en Balance

Les énergies en place

La Balance vous parle d'harmonie et de beauté, c'est le bon moment pour être diplomate et faire avancer les choses dans votre sens, sans froisser votre entourage. Mettez de la beauté dans votre vie, à l'extérieur mais aussi en vous. Incarnez la sérénité et l'équilibre dans toutes les relations que vous entretenez et qui vous nourrissent.

Mes intentions pour cette lune

Quels sont les conflits que vous souhaitez résoudre ? Posez l'intention de faire un pas dans cette direction.

Trouvez-vous votre intérieur assez beau pour vous y sentir bien ? Posez l'intention d'améliorer votre cocon.

Êtes-vous en lien avec des personnes qui vous correspondent ? Posez l'intention de faire un peu de tri.

Mon cristal magique : l'apatite

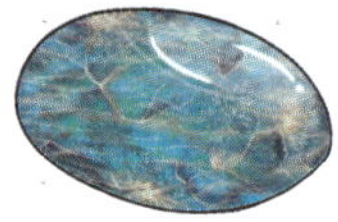

Elle permet de relâcher la pression des chocs liés à votre passé, elle apaise vos automatismes de contrôle et vous accompagne dans un profond lâcher-prise. Bref, tout ce qu'il faut pour retrouver l'équilibre ! Elle apporte l'harmonie et vous invite à vous laisser porter par les opportunités que vous créez. Elle vous permet de gérer de nombreuses informations intuitives, émotionnelles ou encore subtiles afin de rester ouverte et alignée avec vous-même.

La nouvelle lune en Scorpion

Les énergies en place

Le Scorpion est intense ! C'est un moment merveilleux pour accueillir vos émotions, afin de cesser de refouler vos défauts, car vous êtes une femme multifacettes et c'est bien là que se trouve votre charme. En acceptant vos ombres, vous pouvez amplifier vos lumières. Reconnectez-vous à votre féminité, votre pouvoir d'attraction. Acceptez de vivre l'intensité, de l'utiliser à votre avantage, tout en gardant des moments de répit et de calme.

Mes intentions pour cette lune

Quels sont les défauts que vous remarquez le plus chez vous ? Posez l'intention de davantage les accepter et d'en faire des forces.

....

....

Quelle place laissez-vous à la séduction ? Posez l'intention de vous connecter à votre puissance féminine.

....

....

Êtes-vous sujette aux sautes d'humeur ? Posez l'intention d'accepter que les tempêtes passent sans vous culpabiliser.

....

....

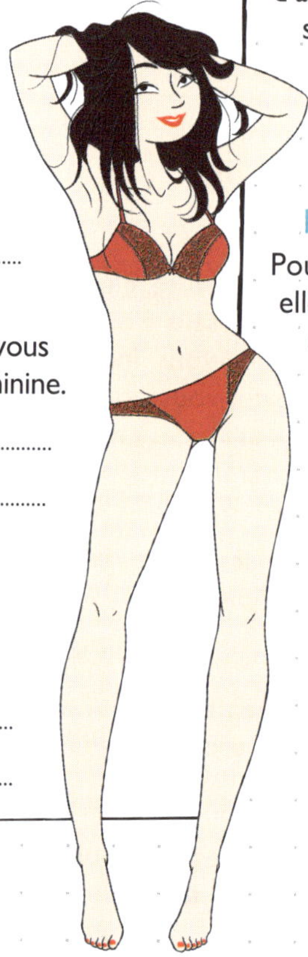

Mon cristal magique : l'obsidienne

Pour tempérer cette période intense, elle dissout la colère, apaise le jugement vis-à-vis des autres et de vous-même. Elle vous invite à observer vos parts d'ombre et à accepter chacune de vos facettes. Elle vous aide à traverser vos expériences de manière lucide, sans filtre ou rancœur.

La nouvelle lune en Sagittaire

Les énergies en place

L'aventurier Sagittaire vous invite dans sa danse joyeuse pour booster votre quotidien. C'est le moment de vous lancer, d'oser, de partir à l'aventure ou simplement à la rencontre de vous-même. Vous pouvez également cultiver votre curiosité, découvrir de nouvelles théories et oser sortir de votre zone de sécurité.

Mes intentions pour cette lune

Quel est le prochain voyage que vous aimeriez faire ? Posez l'intention de le réaliser.

Quel est le domaine que vous aimeriez explorer ? Posez l'intention de vous laisser le temps et l'opportunité de le faire.

Quelle est la petite folie que vous ne vous autorisez pas ? Posez l'intention d'être plus spontanée.

Mon cristal magique : la sodalite

Elle vous apporte humilité, courage et fidélité envers vos valeurs. Elle contre les sentiments de culpabilité et d'angoisse, pour mieux maîtriser vos émotions. C'est une pierre de grande protection pour le travail et les études, qui offre stabilité, logique et maîtrise de soi. Elle réduit vos peurs et vous incite à vous lancer dans de nouvelles aventures excitantes.

La nouvelle lune en Capricorne

Les énergies en place

Le solide Capricorne vous confère ses qualités d'organisation et de planification sur le long terme. Il vous permet de vous projeter afin de construire petit à petit le foyer de vos rêves. Attention toutefois à ne pas vous laisser emporter par un tourbillon d'actions ; gardez en tête que chacune évolue à son propre rythme. Acceptez également lorsque cela ne va pas dans votre sens !

Mes intentions pour cette lune

Quels sont vos objectifs pour les prochains mois ? Posez l'intention de les réaliser.

....

Quelle est la nouvelle activité que vous aimeriez intégrer à votre routine ? Posez l'intention d'essayer quelque chose de nouveau.

....

Quel est votre degré de tolérance par rapport à vous-même et aux autres ? Posez l'intention d'être plus douce.

....

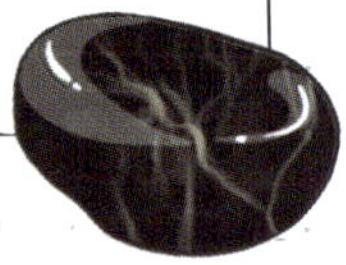

Mon cristal magique : l'onyx

Pierre d'enracinement, il favorise la stabilité et le self control, pour développer tranquillement vos projets. Il offre de la force et apaise le stress mental ou physique. Il vous permet de trouver des solutions lors d'un imprévu et de savoir rebondir. Il permet également de se rendre maître de son avenir, en développant la vision et la clarté sur le long terme.

La nouvelle lune en Verseau

Les énergies en place

Le caractère du Verseau, c'est l'ouverture au monde, l'altruisme, l'humanisme et l'avant-gardisme. Cette nouvelle lune est une période tournée vers l'extérieur. Pensez un petit peu moins à vous, vous n'en serez pas moins heureuse ! Soyez généreuse en donnant un peu de temps ou d'argent à une association, renouez avec des amies… En cultivant la bienveillance et le lien aux autres, vous attirerez à vous de nouvelles vibrations d'amour qui vous permettront de vous révéler !

Mon cristal magique : le lapis-lazuli

Dans la dynamique avant-gardiste du Verseau, il apporte la sagesse, la confiance en soi et l'expression créatrice. Il développe votre intuition pour aborder les choses sous un nouvel angle et vous permet de vous reconnecter avec vos valeurs et vos qualités. Il permet également de calmer le mental si ce dernier est trop agité par une multitude d'idées.

Mes intentions pour cette lune

Comment souhaiteriez-vous contribuer à l'amélioration du monde ? Posez l'intention de vous engager dans une cause.

Quelles sont les idées que vous avez en tête et que vous n'avez jamais osé développer ? Posez l'intention d'en développer une.

Comment aimeriez-vous développer votre originalité ? Posez l'intention de vous l'autoriser.

La nouvelle lune en Poissons

Les énergies en place

Cette nouvelle lune est la plus rêveuse, elle porte des énergies mystiques et vous invite dans le monde des songes. Cette période est idéale pour vous laisser flotter, traverser émotionnellement par tout ce qui se présente, accepter de lâcher prise et vous plonger au cœur de vos intuitions. Dépassez vos peurs et acceptez les propositions, les connexions qui viennent à vous ; laissez-vous conduire par les mystères de la vie. Attention néanmoins à conserver les pieds sur terre !

Mon cristal magique : l'améthyste

Elle apaise la nervosité, le stress, les émotions négatives comme l'angoisse ou la colère. Elle favorise l'équilibre nerveux, intellectuel et sentimental, pour vous aider à traverser vos peurs en toute confiance. Elle ouvre l'esprit à tout ce qui est source d'équilibre, aux autres et aux idées nouvelles afin de s'autoriser à rêver grand. Elle favorise enfin l'ouverture aux notions spirituelles et à la magie de la vie.

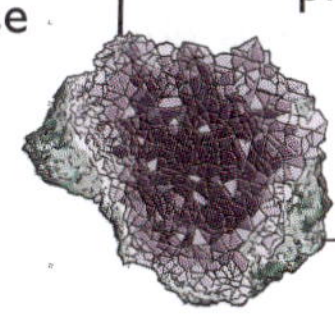

Mes intentions pour cette lune

Quel est votre rêve le plus grand ? Posez l'intention de vous en rapprocher.

Quels sont les messages qui reviennent régulièrement dans vos rêves ? Posez l'intention de les explorer et d'en tirer des leçons.

Quelle est l'idée à laquelle vous n'arrivez pas à vous faire ? Posez l'intention de lâcher prise pour mieux l'accepter.

Chapitre 4

Mon programme de pleine lune pour calmer mes émotions

La pleine lune marque la fin d'un cycle lunaire, c'est l'apogée de sa course. Après avoir grandi, grandi, grandi… elle rayonne. L'énergie est à son maximum, ce qui peut parfois révéler des émotions intenses pas toujours faciles à gérer. Néanmoins, c'est également la chance incroyable de les surmonter afin d'en sortir transformée !

Ce programme est différent de celui de la nouvelle lune car les énergies sont plus intenses, plus exacerbées, plus profondes. Il ne s'agit plus de poser des intentions pour démarrer un nouveau chapitre, mais d'observer ce qui doit être dépassé afin de vous faire grandir et évoluer de façon constructive.

J'apaise mes émotions !

C'est un temps particulièrement puissant pour faire le bilan. Avec ce programme, vous allez analyser vos émotions et vos pensées pour lâcher prise et les apaiser.

Objectif harmonie!

Avec le soleil dans son axe, la pleine lune nous invite à l'équilibre. Est-ce que les choses sont en harmonie dans votre vie? Si elles ne le sont pas, vous devez tourner la page, vous délester de ce dont vous n'avez plus besoin afin de reconstruire sur des bases saines. C'est le pouvoir de la pleine lune, le grand nettoyage!

J'abandonne ce qui ne me convient plus

Afin de manifester nos rêves et objectifs à la prochaine nouvelle lune, nous devons nous délester de ce qui nous pèse et... pardonner. Nous pouvons abandonner : des émotions négatives, des peurs, des contrariétés, des disputes ou encore des drames. Afin de se détacher de tout cela, il sera souvent nécessaire de pardonner à certaines personnes, et... à nous-même. Car ce qui nous dérange chez les autres est souvent ce qui nous dérange chez nous. Plutôt que d'en vouloir aux autres et de vous en vouloir, pourquoi ne pas les remercier de vous faire évoluer? Pardonner aux autres permet d'être plus bienveillante envers vous-même et de cesser de vous juger.

Je mise sur la gratitude

La gratitude est un élément crucial lors de la pleine lune, car cette dernière vient amplifier toutes nos émotions. Plutôt que de multiplier les pensées négatives, concentrez-vous sur ce qu'il y a de beau dans votre vie et en vous. La gratitude consiste à remercier la vie pour la chance que vous avez, tous les petits bonheurs que vous vivez, ce que vous possédez sans que vous le réalisiez, toutes vos qualités, votre famille, votre entourage... Prendre conscience du positif dans votre vie amplifie vos vibrations positives. Ainsi, vous traversez la pleine lune avec plus de douceur et d'apaisement, tout en continuant à manifester vos intentions posées lors de la nouvelle lune.

En pratique : pensez à 3 choses pour lesquelles vous ressentez de la gratitude chaque matin au réveil ou le soir au moment de vous coucher. Vous pouvez également rédiger une longue liste de gratitudes, la conserver avec vous afin de la relire régulièrement et la compléter lorsque vous en ressentez le besoin.

Mes 6 astuces pour apaiser mes émotions

La lune est réputée pour amplifier nos émotions. Difficile de gérer tout ça ! Certaines blessures peuvent refaire surface, des colères ou encore certaines pulsions peuvent apparaître. Quelques astuces naturelles peuvent vous aider à traverser ces quelques jours tranquille et détendue.

Mes douces huiles essentielles

Certaines huiles essentielles sont de véritables alliées pour apaiser la sphère psycho-émotionnelle. Pour en ressentir les bénéfices, respirez-les simplement au flacon plusieurs fois par jour avant et après la pleine lune. Le basilic tropical et la camomille noble apaisent la colère ; la menthe poivrée et le petit grain bigarade sont idéals contre la tristesse ; l'épinette noire, la bergamote, le néroli ou encore la lavande vraie estompent les déprimes passagères.

Mes cristaux magiques

Certaines pierres sont particulièrement efficaces pour vous accompagner lors des pics émotionnels. La citrine vient à bout des colères et des blocages émotionnels ; l'améthyste apaise en cas de conflits intérieurs ; le quartz blanc aide à libérer les pensées négatives ; la tourmaline protège des énergies négatives et permet d'être plus ancrée dans l'instant présent.

Profitez de la pleine lune pour purifier vos cristaux
Selon les traditions chamaniques ou encore mayas, la lune a des propriétés purifiantes. Utilisez-la pour nettoyer vos trésors ! Placez-les dehors quelques heures, idéalement au sol à même la terre ou sinon à l'intérieur, près d'une fenêtre. Attention cependant au froid en hiver qui pourrait abîmer certains cristaux ! Dans ce cas, laissez-les moins longtemps ou privilégiez la fenêtre.

La reconnexion à mon corps

Afin de traverser sereinement ces quelques jours, revenir à soi et à son corps est très bénéfique. Cela permet de vous offrir de l'amour, et vous focaliser sur votre corps vous évite de ressasser des pensées négatives pendant ce temps. Prévoyez un rendez-vous dans un spa, faites-vous masser, prenez un bon bain chaud ou encore appliquez-vous de l'huile sur le corps. Vous pouvez également faire de petits automassages du visage, des mains ou des pieds, un masque visage ou cheveux, vous faire de jolis ongles, un gommage…

Ma détente grâce à la méditation

Le meilleur moyen d'apaiser un mental agité est de lui permettre de se poser. Il devient alors plus simple d'arrêter de ruminer et de retrouver le calme. Asseyez-vous sur un coussin, le regard dans le vide ou bien les yeux fermés. Pour plus de facilité, vous pouvez aussi porter votre attention sur la flamme d'une bougie. Lorsqu'une pensée intervient, laissez-la simplement s'envoler. Rien de plus simple !

Ma méditation de pleine lune

Faire une méditation de visualisation est un très bon moyen pour régénérer et équilibrer votre corps et vos énergies. Le soir de la pleine lune (ou quelques jours avant ou après), asseyez-vous dans une position confortable et prenez 3 grandes inspirations et expirations. Fermez les yeux et visualisez vos pieds ou votre bassin qui s'ancre profondément dans le sol, grâce à de longues racines qui descendent jusqu'au centre de la Terre. Imaginez également que le haut de votre tête est relié directement au ciel, à la lune, à l'univers. Sentez les énergies qui vous traversent, partant de vos pieds en passant par votre cœur, jusqu'au sommet de votre tête et au ciel. Vous ne vous sentez pas alignée, plus calme et en paix ?

Mon ancrage grâce au pouvoir du yoga

Le yoga a de nombreuses vertus. Il permet de concentrer votre esprit sur votre corps plutôt que de rester focalisée sur les pensées et les émotions. Pratiquez des postures comme le canard, les pieds bien ancrés dans le sol, le dos droit et les mains jointes. Cela permet à l'énergie de redescendre dans vos jambes et ainsi de vous sentir plus apaisée et stable lorsque vous êtes submergée par des pensées ou émotions que vous ne contrôlez pas. Restez dans la posture quelques minutes en conscience, en fonction de vos possibilités, à n'importe quel moment de la journée. Parfait pour contrer l'agitation de la pleine lune !

Mon eau de lune

Cette pratique est utilisée depuis des millénaires dans de nombreuses traditions car la lune possède des propriétés purifiantes et rééquilibrantes. Pendant 3 nuits, celle précédant la pleine lune, la pleine lune et la suivante, créez une eau imprégnée de l'énergie lunaire. Vous pouvez également formuler une intention, pour conférer en plus à votre eau des pouvoirs nettoyants, relaxants, calmants… Ensuite, buvez-la afin de profiter de ses énergies lunaires ou ajoutez-la dans votre bain pour favoriser détente, clarté mentale ou encore pour méditer.

How to do?

Remplissez un récipient en verre, une bouteille ou un saladier. Vous pouvez y placer une intention particulière si vous le souhaitez, par exemple : « Cette eau est dédiée à l'équilibre de mes émotions. » Placez ensuite le récipient rempli dehors, à l'endroit le plus exposé aux rayons de la lune. Si vous ne pouvez pas le mettre dehors, placez-le près d'une fenêtre aux volets ouverts. Laissez le récipient toute la nuit (ou 5 heures minimum), puis récupérez-le avant que le soleil ne se lève. Conservez votre eau de lune à l'abri de la lumière et si possible dans des bouteilles opaques ou bleues. Consommez-la dans les jours suivants lorsque vous en ressentez le besoin et soyez attentive à ce qu'il se passe en vous.

Mon astro pour calmer mes émotions

Les influences indiquées ici s'appliquent à chacune d'entre nous, quel que soit notre signe astrologique. Lorsque la pleine lune approche, regardez dans quel signe elle se trouve, afin de comprendre ses influences. Chaque signe ayant son caractère, combiné aux effets de la lune, il vous apportera une influence différente. Travaillez en conscience avec la pleine lune, posez-vous les bonnes questions et utilisez sa sagesse afin d'harmoniser votre vie !

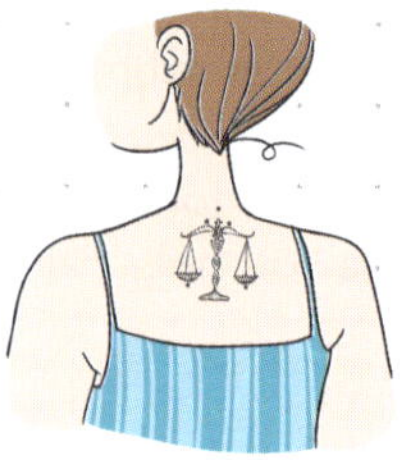

Pour chaque pleine lune, les signes du même élément sont plus disposés à traverser cette dernière. Les signes de l'élément complémentaire sont également plus à l'aise car ils viennent contrebalancer ses énergies. Par exemple, pour une pleine lune en Lion, signe de feu, les signes de feu et d'air sont favorisés.

La pleine lune en Bélier

Les énergies en place

Exacerbé, le caractère Bélier donne une énergie de pleine lune fière et téméraire. Elle est bénéfique ou plus simple à traverser pour les demoiselles nées sous les signes de feu et d'air : Bélier, Gémeaux, Lion, Balance et Verseau. Elle pourrait venir bousculer

certaines certitudes en vous, vous forcer à sortir de votre zone de confort, à accepter certaines notions peu habituelles et faire apparaître des émotions comme de la colère ou de la frustration que vous n'avez pas l'habitude de maîtriser.

Son message : la vie n'est pas une course ou une compétition !

Cette lune est le moment idéal pour trouver l'équilibre entre vos besoins et ceux des autres, amis et proches. Il est question de ne pas vous oublier ni de ne penser qu'à vous.

Le conseil : amusez-vous ! Laissez le sérieux de côté quelques instants.

Mon cristal magique : la labradorite

Pierre de protection incontournable, elle vous permet de faire bouclier et d'absorber les influences néfastes de l'extérieur. Elle renforce la confiance en vos capacités et diminue l'insécurité. Cela vous permet de prendre du recul et de ne pas vous laisser emporter par vos pulsions. Elle combat les grosses fatigues dues aux émotions intenses de cette pleine lune, afin de conserver votre énergie et de booster votre corps.

La pleine lune en Taureau

Les énergies en place

Cette pleine lune est plus ancrée et stable malgré les émotions qui peuvent se présenter. Elle est bénéfique ou plus simple à traverser pour les demoiselles nées sous les signes d'eau et de terre : Taureau, Cancer, Vierge, Scorpion, Capricorne et Poissons. Elle recentre sur les vrais besoins, autant sur le plan corporel qu'émotionnel et spirituel.

Son message : revitalise ta vie !

Cette lune vous invite à équilibrer vos besoins, vos envies, mais également à réfléchir concrètement à la façon de les mettre en place dans votre quotidien. Les plaisirs et la joie doivent être au centre de votre existence, mais il est également important de maintenir de bonnes habitudes pour votre corps et votre esprit. Trouvez l'équilibre entre les plaisirs et une bonne hygiène de vie.

Le conseil : bougez, faites du sport afin de vous mettre en mouvement !

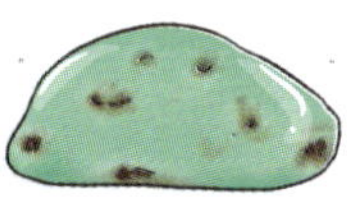

Mon cristal magique : la chrysoprase

Elle alimente le cœur en énergie et rééquilibre vos émotions. Elle vous permet d'avoir confiance en vous pour ne pas céder aux compensations ou addictions de toutes sortes, qui déséquilibrent l'hygiène de vie.

La pleine lune en Gémeaux

Les énergies en place

Exacerbé, le caractère Gémeaux donne une énergie de pleine lune très inconstante. Elle est bénéfique ou plus simple à traverser pour les demoiselles nées sous les signes de feu et d'air : Bélier, Gémeaux, Lion, Balance, Sagittaire et Verseau. Elle vous invite à analyser vos relations, la façon que vous avez de vous exprimer et vos schémas de pensées. C'est le bon moment pour prendre du recul et laisser le mental se calmer un peu.

Son message : ralentis et sois vraie !

Cette lune vous invite à réfléchir sur vous-même et à méditer pour calmer votre esprit qui tourne en permanence. C'est le moment de dire les choses calmement, d'énoncer votre vérité avec diplomatie. Ne vous cachez plus derrière des masques, soyez vraie et incarnez la sérénité à votre propre rythme.

Le conseil : prenez le temps de vous cultiver et de consulter différents points de vue afin de vous enrichir intellectuellement et émotionnellement.

Mon cristal magique : l'howlite

Elle permet de clarifier vos émotions et vos pensées et de les démêler. Elle donne le sens des responsabilités. Elle facilite la compréhension de vous-même et aide à ne pas prendre de décisions prématurées. Elle vous rend autonome et favorise la conscience dans chacun de vos actes.

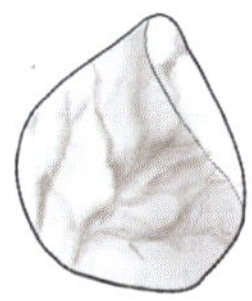

La pleine lune en Cancer

Les énergies en place

Cette pleine lune peut vous rendre dépendante et assez sensible. Le Cancer est un signe très émotionnel, vous pouvez vous sentir en insécurité, prise de peurs et de doutes. Cette lune est bénéfique ou plus simple à traverser pour les demoiselles nées sous les signes d'eau et de terre : Taureau, Cancer, Vierge, Capricorne et Poissons.

Son message : sois en confiance !

Cette lune vous invite à trouver votre équilibre entre votre besoin d'être rassurée au contact des autres et votre capacité à prendre du temps pour vous. Il s'agit de réguler votre besoin de reconnaissance et de sécurité, et de faire confiance à votre entourage. Apprenez à vous ressourcer sans que cela crée des tensions en vous par peur d'être abandonnée ou rejetée. Apprenez à écouter les messages de votre corps et vos émotions !

Le conseil : passez du temps avec votre famille pour vous rassurer et faire le plein d'émotions positives !

Mon cristal magique : la malachite

Elle absorbe les énergies dont vous n'avez plus besoin et favorise la guérison du corps et du cœur. Elle vous offre un meilleur discernement afin de savoir quelles sont les personnes bénéfiques dans votre vie et quelles sont les choses dont vous pouvez vous séparer. Elle apaise les peurs, réconforte, favorise la paix intérieure et la compassion. Elle vous donne la sensation de vous sentir chez vous, rassurée quoi qu'il arrive, afin d'affronter le quotidien sans inquiétude.

La pleine lune en Lion

Les énergies en place

Cette pleine lune est rayonnante et fière. Elle est bénéfique ou plus simple à traverser pour les demoiselles nées sous les signes d'air et de feu : Bélier, Gémeaux, Lion, Balance, Sagittaire et Verseau. C'est une période particulièrement agréable pour faire la fête, célébrer et passer du temps en bonne compagnie. Son énergie de feu éveille en vous des élans de fierté, d'envie, de joie, mais également parfois de jalousie, d'égocentrisme et d'orgueil.

Son message : entre en contact avec ton humilité

Cette lune est une invitation à trouver votre équilibre entre les besoins de votre entourage et les vôtres. Analysez votre taux d'énergie physique : ne la dispersez-vous pas trop en essayant de satisfaire tout le monde ? Motivez vos activités par votre cœur, votre joie et non par un besoin de reconnaissance ou par l'ambition.

Le conseil : exprimez votre joie de manière créative et soyez bienveillante envers vous-même.

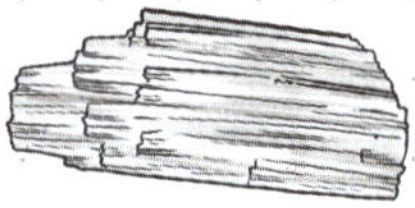

Mon cristal magique : la sélénite

Cette magnifique pierre aux reflets lunaires instaure une paix profonde en vous. Elle permet de porter un regard objectif sur les progrès accomplis tout en restant humble. Elle favorise l'intuition ainsi que le l'objectivité, afin de ne pas se laisser emporter par le mental et l'ego. Elle renforce également la confiance en soi, pour évoluer avec sagesse, justesse et harmonie dans tous ses projets.

La pleine lune en Vierge

Les énergies en place

Exacerbé, le caractère Vierge peut vous rendre critique et anxieuse. Cette pleine lune éveille nos besoins profonds, nos insécurités et notre petit juge intérieur. Elle est bénéfique ou plus simple à traverser pour les demoiselles nées sous les signes d'eau et de terre : Taureau, Vierge, Cancer, Capricorne, Scorpion et Poissons. Elle équilibre le trop-plein émotionnel, en ramenant les pensées du cœur vers votre tête.

Son message : trouve ton équilibre !

Cette lune vous invite à trouver l'équilibre entre votre esprit cartésien, concret, et votre capacité à rêver, lâcher prise et vous faire plaisir. Apprenez à tirer profit de vos capacités d'analyse, de gestion et d'organisation sans tomber dans une course à la perfection en oubliant le monde autour de vous. Tout le monde n'a pas les mêmes mécanismes que vous, ne jugez pas trop rapidement ! Accueillez vos petits défauts comme vos qualités.

Le conseil : prenez soin de votre corps et de votre santé !

Mon cristal magique : le quartz rose

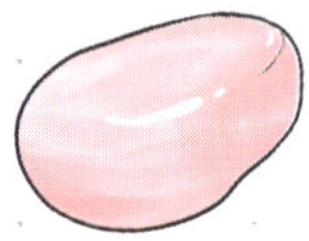

Il symbolise l'amour, pour vous-même et pour les autres. Il permet de guérir les blessures affectives afin de dépasser le jugement et la frustration que ces dernières peuvent engendrer. Il stimule l'amitié et apporte la paix, ainsi que le respect de vous-même et amplifie le pardon. Il vous permet de trouver votre équilibre pour ne plus chercher à plaire à tout le monde ni à vous fermer complètement aux relations.

La pleine lune en Balance

Les énergies en place

Cette pleine lune est en lien avec les relations amicales, professionnelles et amoureuses. Elle est bénéfique ou plus simple à traverser pour les demoiselles nées sous les signes d'air et de feu : Bélier, Gémeaux, Lion, Balance, Sagittaire et Verseau. Elle évoque l'harmonie ainsi que la capacité à communiquer de façon diplomate et sensée. Elle nous amène aussi à chercher l'équilibre et l'harmonie dans les choix que nous faisons.

Son message : apporte de l'harmonie

Cette lune vous invite à trouver l'équilibre entre ce qui vous rend joyeuse et ce que vous faites pour les autres afin de les rendre heureux ! C'est une période idéale pour réfléchir à la façon dont vous communiquez vos besoins et dont vous gérez vos relations. Avez-vous tendance à tourner autour du pot ou à supposer que les gens vous comprennent par des sous-entendus ? Analysez également la façon dont vous dépendez ou non des autres afin de vous sentir davantage libre.

Le conseil : mettez de l'harmonie dans votre vie, redécorez votre intérieur, prenez le temps de vous sentir belle et observez le monde autour de vous avec un regard neuf, comme si vous découvriez votre quotidien avec des yeux d'enfant.

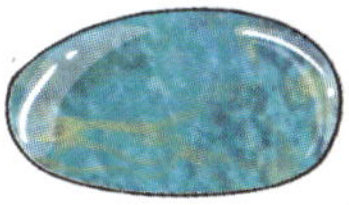

Mon cristal magique : la turquoise

Pierre de sagesse, elle vous apprend ce qui est bon ou non pour vous. Elle vous redonne de la gaieté et apporte de la beauté dans votre vie. Elle développe également l'assurance et la fermeté nécessaires pour exprimer de manière juste ce que vous avez sur le cœur et vous sentir en capacité de faire des choses alignées avec vos valeurs.

La pleine lune en Scorpion

Les énergies en place

Attention, cette pleine lune va secouer car c'est la plus émotionnelle ! Elle est bénéfique ou plus simple à traverser pour les demoiselles nées sous les signes d'eau et de terre : Taureau, Cancer, Vierge, Scorpion, Capricorne et Poissons. Elle vient mettre l'accent sur les émotions profondes, les pensées cachées de l'inconscient, la sexualité, le mystère de la vie et les pulsions inavouées. Un programme haut en couleur !

Son message : traverse tes émotions

Cette lune vous invite à trouver l'équilibre entre vos émotions constructives et vos émotions dévastatrices. Pensez à prendre du recul, pour ne pas agir de manière impulsive, à rester en retrait si nécessaire et à vous ressourcer grâce à ce qui vous apporte de la joie. C'est également le moment idéal pour stimuler la passion dans votre couple et, pour les célibataires, de réveiller l'amazone sexy qui sommeille en vous afin de vous sentir affirmée et confiante.

Le conseil : autorisez-vous à pleurer pour pouvoir sourire à nouveau plus rapidement !

Mon cristal magique : l'aigue-marine

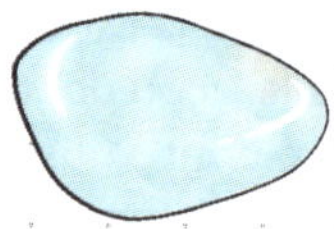

Elle favorise la communication, la tendresse envers vous-même ou les autres et développe votre sensibilité. Elle permet de calmer l'anxiété et de traverser les émotions difficiles, afin de faire place à la paix intérieure. Elle renforce votre courage et apporte de la légèreté lorsque vous vous sentez embourbée dans des situations où vous ne voyez pas d'issue.

La pleine lune en Sagittaire

Les énergies en place

Avec le caractère Sagittaire, cette pleine lune peut vous rendre aventurière et curieuse, pleine de légèreté et de désinvolture. Elle est bénéfique ou plus simple à traverser pour les demoiselles nées sous les signes de feu et d'air : Bélier, Gémeaux, Lion, Balance, Sagittaire et Verseau. Elle met en lumière votre capacité à vous laisser porter par le flot de la vie, vers de nouveaux horizons, et à ouvrir le champ des possibles. Elle pourrait réveiller en vous la sensation d'être enfermée et le besoin de retrouver une forme d'indépendance et de liberté.

Son message : la vie est une aventure !

Cette lune vous invite à contacter vos envies et aspirations les plus profondes, votre côté idéaliste et enthousiaste. Vous pourriez vous reconnecter à vos rêves d'enfant, avoir envie de légèreté dans votre cœur et de curiosité. Vous pourriez même développer une forme de désinvolture… Alors attention à tourner 20 fois votre langue dans votre bouche afin de ne pas heurter votre entourage !

Le conseil : autorisez-vous à voyager ou à vous évader afin de prendre de la distance.

Mon cristal magique : le jaspe rouge

Il vous offre un sentiment d'équilibre et de sécurité vous permettant de vous lancer dans toutes vos aventures. Il vous aide à avoir confiance en la vie et à vivre le moment présent

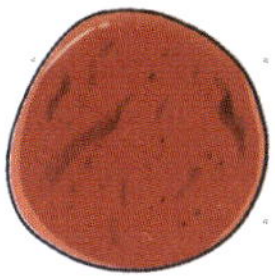

sans crainte, à vous affirmer et à agir. Il vous permet de surmonter votre peur de l'inconnu lorsqu'il s'agit de démarrer un nouveau projet. Il est parfait pour vous donner l'impulsion de suivre votre cœur et vos rêves lorsque vous doutez.

La pleine lune en Capricorne

Les énergies en place

Cette pleine lune apporte un ancrage assez fort et la capacité d'avancer par étapes avec discernement. Elle est bénéfique ou plus simple à traverser pour les demoiselles nées sous les signes d'eau et de terre : Taureau, Cancer, Vierge, Scorpion, Capricorne et Poissons. Elle invite à regarder concrètement ce qui se déroule dans sa vie, à ne plus faire l'autruche, à observer sa relation au monde professionnel et sa façon d'appréhender les événements.

Son message : lâche prise !

Cette lune vous invite à trouver l'équilibre entre vos ambitions pro et votre vie perso. Votre vie doit comporter des temps pour « être » simplement vous-même et des temps pour « faire » dans l'action et la matérialisation, sans que l'un prenne le dessus sur l'autre. Acceptez que vous ne pouvez pas organiser votre quotidien au millimètre près. Laissez votre cœur guider davantage vos décisions.

Le conseil : méditez pendant 5 minutes avant de prendre une décision importante.

Mon cristal magique : l'amazonite

Elle recentre sur le cœur, favorise l'expression des sentiments et la communication afin de ne plus se cacher derrière des mécanismes de contrôle. Elle équilibre vos énergies masculines et féminines pour que vous vous sentiez autant dans l'action que dans la réflexion. Elle vous permet également de voir les deux côtés d'un problème afin de le surmonter plus facilement.

La pleine lune en Verseau

Les énergies en place

Exacerbé durant cette pleine lune, le caractère hâtif et progressiste du Verseau peut constituer une puissante invitation au changement. Elle est bénéfique ou plus simple à traverser pour les demoiselles nées sous les signes d'air et de feu : Bélier, Gémeaux, Lion, Balance, Sagittaire et Verseau. Ses énergies apportent une grande force mentale et la capacité à se projeter de façon intelligente, connectée au reste du monde.

Son message : reconnecte-toi à ce qui est important

C'est le moment de trouver l'équilibre entre ce que vous souhaitez faire pour vous et ce que vous pouvez apporter aux autres. Ouvrez grands les yeux autour de vous. Cette lune est source de changements symboliques, apprenez à discerner ce qui vous convient ou non. Demandez-vous si certaines relations vous apportent toujours satisfaction ou si vous les entretenez par devoir. N'ayez pas peur d'évoluer et de grandir !

Le conseil : trouvez l'équilibre entre vos idées logiques et celles guidées par le cœur.

Mon cristal magique : le quartz blanc (ou cristal de roche)

Le quartz amplifie, transforme et transmet toutes les énergies bénéfiques au corps de manière harmonieuse. Il absorbe les énergies dont vous n'avez plus besoin afin de vous sentir plus légère. Il favorise la méditation et la paix intérieure. Grâce à lui, vous discernez de manière claire ce que vous souhaitez conserver ou non dans votre quotidien.

La pleine lune en Poissons

Les énergies en place

Cette pleine lune est nostalgique et rêveuse, elle nous invite à nous connecter à notre inconscient et à nos aspirations profondes. Elle est bénéfique ou plus simple à traverser pour les demoiselles nées sous les signes d'eau et de terre : Taureau, Cancer, Vierge, Scorpion, Capricorne et Poissons. Elle révèle des parts profondément ensevelies, guérit ce qui refait surface et insuffle de l'espoir pour le futur. Vous pouvez vous sentir hypersensible et plus empathique, mais c'est bénéfique, car pour guérir une émotion, il faut d'abord l'exprimer !

Son message : trouve la magie

Cette lune est mystique et magique. C'est le moment de regarder les synchronicités et les messages que l'univers vous envoie, sur les panneaux d'affichage, dans les échanges, dans un livre… Lorsque vous vous posez une question, l'univers sait vous répondre. C'est le moment de vous connecter à votre part guérisseuse (votre empathie est un don pour soigner les blessures émotionnelles des autres).

Le conseil : soyez ouverte à la magie et dépassez vos croyances limitantes.

Mon cristal magique : la célestine

Elle possède de douces vibrations propices à la méditation, conduit à la paix intérieure et pousse à l'exploration de soi. Elle procure une tendresse maternelle, enseigne la confiance, la sagesse. Elle favorise également la communication, la créativité et l'imagination. Elle est idéale pour vous perdre dans vos rêveries, en extraire les messages cachés de votre inconscient et utiliser toutes vos inspirations de manière constructive.

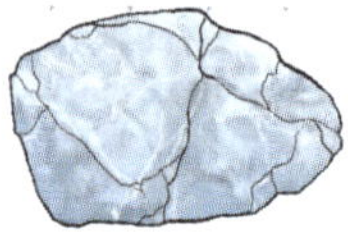

Chapitre 5

Mon coaching de développement personnel avec la lune

Vivre en connexion avec la lune ne se limite pas à observer les différents signes du zodiaque et leurs influences ! La lune peut vous offrir un coaching 100 % personnalisé ! Alors que les signes influencent tout le monde, il existe un système lunaire qui vous est complètement personnel : le système des maisons. Comment ça marche ? Les signes du zodiaque correspondent aussi à 12 domaines de votre vie. Famille, amis, amour, finances, spiritualité et développement personnel, bien-être et santé, travail, personnalité… En passant tour à tour dans chacune de ces maisons, la lune vous interroge sur votre niveau d'épanouissement dans chacune, lance des interrogations et des pistes pour l'augmenter, dessinant un véritable parcours de développement personnel. Un outil magique pour avancer dans la vie et booster votre bien-être dans tous les domaines ! La lune est votre ange gardien !

Mes 12 maisons

Si le système des maisons est personnel et individualisé, c'est qu'il est fondé sur votre ascendant. En effet, une pleine ou une nouvelle lune dans le signe du Bélier correspond à votre 3e maison si vous êtes ascendant Verseau, et vous incite à examiner votre façon de communiquer, tandis qu'elle correspond, pour une personne ascendant Cancer, à la 10e maison, celle de la carrière, par exemple. Pour calculer votre ascendant, munissez-vous de votre heure de naissance et rendez-vous sur un site internet. Reportez-vous ensuite au tableau ci-dessous pour savoir comment s'organisent les maisons de votre thème. La 1re maison se trouve dans votre ascendant, la 2e dans le signe suivant et ainsi de suite.

Ne vous fiez pas au descriptif de l'ascendant sur la plupart des sites, qui ne sont pas très fiables pour appréhender les subtilités de l'astrologie. Utilisez-les simplement comme outils de calcul.

	NOUVELLE LUNE / PLEINE LUNE											
ASCENDANT	LUNE EN BÉLIER	LUNE EN TAUREAU	LUNE EN GÉMEAUX	LUNE EN CANCER	LUNE EN LION	LUNE EN VIERGE	LUNE EN BALANCE	LUNE EN SCORPION	LUNE EN SAGITTAIRE	LUNE EN CAPRICORNE	LUNE EN VERSEAU	LUNE EN POISSONS
BÉLIER	1re maison	2e maison	3e maison	4e maison	5e	6e	7e	8e	9e	10e	11e	12e
TAUREAU	12e	1re maison	2e maison	3e	4e	5e	6e	7e	8e	9e	10e	11e
GÉMEAUX	11e	12e	1re	2e	3e	4e	5e	6e	7e	8e	9e	10e
CANCER	10e	11e	12e	1re	2e	3e	4e	5e	6e	7e	8e	9e
LION	9e	10e	11e	12e	1re	2e	3e	4e	5e	6e	7e	8e
VIERGE	8e	9e	10e	11e	12e	1re	2e	3e	4e	5e	6e	7e
BALANCE	7e	8e	9e	10e	11e	12e	1re	2e	3e	4e	5e	6e
SCORPION	6e	7e	8e	9e	10e	11e	12e	1re	2e	3e	4e	5e
SAGITTAIRE	5e	6e	7e	8e	9e	10e	11e	12e	1re	2e	3e	4e
CAPRICORNE	4e	5e	6e	7e	8e	9e	10e	11e	12e	1re	2e	3e
VERSEAU	3e	4e	5e	6e	7e	8e	9e	10e	11e	12e	1re	2e
POISSONS	2e	3e	4e	5e	6e	7e	8e	9e	10e	11e	12e	1re

La Lune et les maisons, comment ça marche?

Les maisons représentent les différents domaines de notre vie; ces derniers sont communs à toutes, mais ne tombent pas dans le même signe pour tout le monde. Lors de son transit dans les différents signes, la lune se trouve aussi dans l'une de vos maisons. Ce point culminant énergétique amplifie alors les vibrations de ce domaine de votre vie, ce qui vous permet de vous concentrer dessus. Ainsi, à la nouvelle et à la pleine lune, observez le signe dans lequel se trouve la lune, reportez-vous au tableau ci-dessus pour savoir à laquelle de vos maisons cela correspond et suivez le coaching lunaire!

La lune dans les signes et les maisons

Tandis que la lune est dans un signe, avec ses énergies particulières mais communes à toutes, elle est aussi dans votre maison, ce qui revêt un caractère spécial pour vous dans ce domaine de vie. Vous pouvez alors utiliser l'énergie en place (celle de la lune dans les signes) pour évoluer dans la problématique de la maison en question.

À la nouvelle lune

La nouvelle lune dans une de vos maisons est l'occasion de vous interroger sur votre niveau de satisfaction dans ce domaine et sur ce que vous pouvez mettre en place de nouveau pour booster votre potentiel et ainsi améliorer votre quotidien !

À la pleine lune

La pleine lune dans une de vos maisons est l'occasion de vous interroger sur ce qui ne va pas dans ce domaine de votre vie. Qu'est-ce qui vous empêche d'avancer ? Des personnes de votre entourage ? Vous, avec vos croyances et des blessures qui vous rendent craintive et vous empêchent de vous affirmer ? C'est le moment de vous libérer de ces freins pour profiter pleinement de l'élan de la nouvelle lune suivante.

Un parcours de développement personnel complet !

La lune parcourt les signes du zodiaque, donc vos maisons pendant l'année. Elle traverse globalement chacun des signes et chacune des maisons (sauf quelques exceptions en fonction du nombre de jours calendaires), ce qui vous permet d'améliorer tous les domaines de votre vie sur une année. L'occasion d'aborder une multitude de sujets, à votre rythme, au fil des semaines. Un programme complet pour être au top !

Mes 5 tips pour avancer

Se poser des questions sur la manière de faire avancer sa vie, c'est bien. Mais recevoir un petit coup de pouce un peu plus concret, c'est mieux ! Pour vous aider à prendre confiance en vous dans tous les domaines et vous lancer à la nouvelle lune, ou bien pour vous aider à lâcher prise et vous libérer de vos émotions négatives à la pleine lune, des rituels, des huiles essentielles et des postures de yoga agissent en synergie sur votre mental, vos émotions et votre corps. Reconnectez-vous à qui vous êtes et atteignez vos objectifs !

La méditation, pour me reconnecter à moi-même

Nous sommes continuellement absorbées par des pensées, si bien que nous finissons par ne plus entendre nos émotions et ne plus être conscientes de nos fonctionnements. La méditation permet de calmer la tornade, afin de laisser place à la clarté et de nous reconnecter à notre essence. En prenant le temps de méditer à chaque nouvelle lune, vous ressentez vos aspirations profondes et vous vous connectez à vos rêves. La nouvelle lune a le pouvoir d'amplifier et de réaliser vos intentions, pourquoi s'en priver ?

Les mantras, c'est magique !

Lors de vos méditations, vous allez prononcer des mantras. Ces petites phrases, répétées en conscience et avec conviction, sont magiques ! La répétition permet de les ancrer dans le cerveau, les verbaliser à haute voix possède un véritable pouvoir créateur, afin de vous donner confiance en vous et vous pousser à avancer.

La prescription
Vous pouvez répéter les affirmations lors de votre méditation quotidienne ou occasionnelle le jour de la pleine ou nouvelle lune. Vous pouvez également les répéter en conscience et dans le calme dans la posture de yoga adaptée, pour amplifier l'énergie, ou bien avant de vous poser quelques instants en respirant l'huile essentielle sélectionnée. Suivez votre intuition et sachez qu'il n'y a jamais de mauvaise façon de faire !

Les huiles essentielles, pour agir sur mes pensées et mes émotions

L'olfactologie est une science qui utilise les odeurs pour influencer les émotions et les pensées. De nombreuses recherches ont démontré que les odeurs ont un impact considérable sur notre comportement, notre corps et notre psychisme. L'odorat est en lien direct avec le cerveau limbique, siège des émotions, de l'intuition et de la créativité ; il a été prouvé que les odeurs agissent très fortement sur notre façon de percevoir le monde.
Les huiles essentielles vont vous aider à apaiser des ressentis, relancer votre dynamisme, améliorer votre confiance en vous ou encore vous aider à lâcher prise. Utiliser les huiles essentielles pendant les différentes lunaisons vous permet d'agir directement sur vos pensées et vos émotions, énergisantes à la nouvelle lune et relaxantes à la pleine lune. Magique !

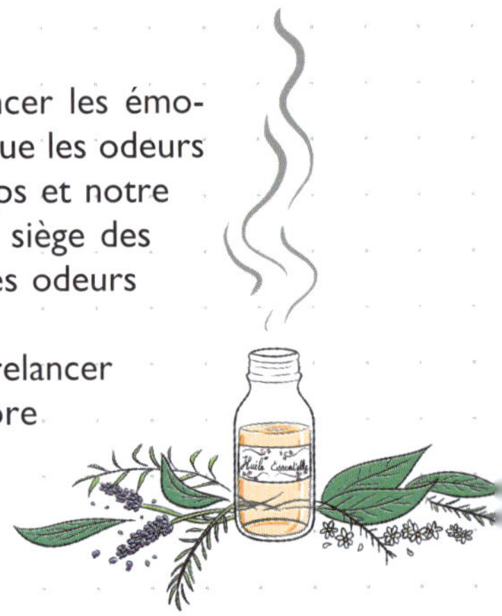

Pour accompagner mon énergie lors de la nouvelle lune…

Choisissez l'huile essentielle adaptée, puis :

1. prenez une inspiration profonde par le nez pendant 3 à 4 s ;
2. conservez les poumons pleins pendant quelques secondes ;

3. relâchez l'air par la bouche et soufflez pendant 3 à 4 s ;
4. répétez l'opération une dizaine de fois en prenant les pauses nécessaires entre chaque respiration olfactive.

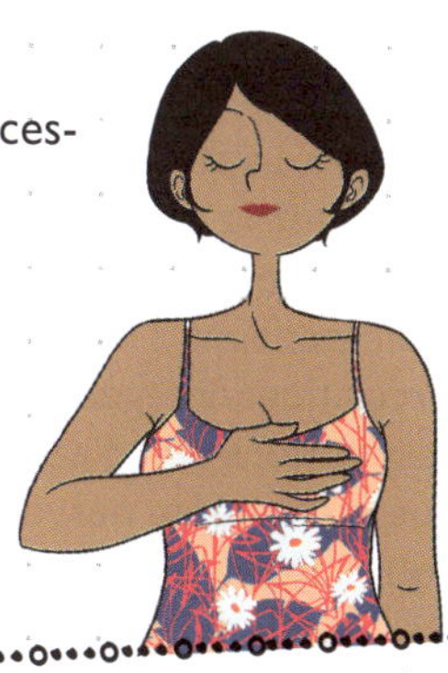

Pour équilibrer mon énergie lors de la pleine lune...

Choisissez l'huile essentielle adaptée, puis :

1. prenez une inspiration profonde par le nez pendant 3 à 4 s ;
2. puis relâchez l'air immédiatement en soufflant par le nez pendant 3 à 4 s ;
3. restez les poumons vides quelques secondes tant que c'est confortable ;
4. répétez l'opération une dizaine de fois en prenant les pauses nécessaires entre chaque respiration olfactive.

Bien sûr, soyez à l'écoute de votre corps, si des inconforts comme des maux de tête, une nausée ou un vertige apparaissent, n'insistez pas. Les huiles essentielles sont contre-indiquées pour les jeunes enfants ou les femmes enceintes. Renseignez-vous bien en amont : elles sont magiques, mais puissantes !

La prescription

À chaque nouvelle ou pleine lune, utilisez l'huile essentielle indiquée dans le programme. Respirez au-dessus du flacon, 3 à 4 fois par jour. Vous pouvez vous accompagner des HE 3 jours avant la lunaison, lorsque les énergies se mettent en place, et jusqu'à 3 jours après également. Pratiquez le matin ou le soir en fonction de vos possibilités et de vos envies. N'hésitez pas à garder votre flacon à portée de main ou dans votre sac pour pouvoir le dégainer dès que vous en ressentez le besoin !

Le yoga, pour intégrer en moi ces dynamiques positives

Nous savons depuis longtemps, à travers les douleurs « psychosomatiques », que notre corps est influencé par nos émotions et nos pensées. Eh bien, l'inverse est vrai aussi ! Nous sommes capables d'influencer nos pensées et nos émotions en pratiquant différentes respirations ou postures, en conscience et en y mettant une intention particulière. Par exemple, lorsque vous vous tenez droite et fière, vous vous sentez plus forte, alors qu'une position en lotus vous apporte de la sérénité. Dans le programme suivant, les postures de yoga sont utilisées pour influencer vos énergies, vous rendre forte et confiante, capable d'avancer pendant la nouvelle lune et de lâcher prise grâce à des postures calmes et équilibrantes à la pleine lune.

La prescription

Pratiquez la posture le jour de la nouvelle ou pleine lune pendant quelques minutes en fonction de vos possibilités et de votre planning. Vous pouvez également la pratiquer pendant 1 semaine, 3 jours avant et après la lunaison, afin de bien intégrer les circulations énergétiques. Entrez dans la posture avec douceur et prenez de profondes respirations afin d'accompagner la détente et le relâchement des muscles ainsi que du système nerveux. Ainsi, vous pourrez dépasser d'éventuels inconforts, vous surprendre à aller au-delà de ce que vous pensiez possible et laisser les émotions se manifester.

Essayez de pratiquer dans un endroit calme où vous ne serez pas dérangée. Vous pouvez vous créer un espace sacré en faisant la méditation olfactive en amont, répéter vos mantras et terminer par votre rituel. Suivez vos envies et votre intuition !

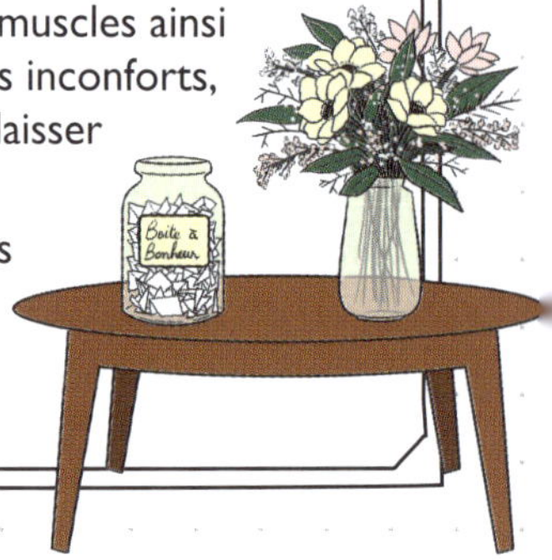

Mes petits rituels magiques pour passer à l'action

Au-delà de l'impact de la lune sur nos émotions et nos pensées, NOUS avons le pouvoir ! Nos pensées ont un effet réel : lorsque vous vous levez du mauvais pied, vous pensez que cela sera une mauvaise journée, et cela se réalise très souvent... La loi d'attraction, encore ! Et d'autoconviction. Les petits rituels proposés dans ce programme sont des exercices d'écriture qui vous permettront de faire un travail sur vous et d'agir sur vos pensées et vos émotions pour les rendre plus positives pendant la nouvelle lune, ou les changer pendant la pleine lune. Un petit geste symbolique, comme garder ces papiers ou les déchirer, a aussi un impact psychologique fort pour les ancrer en vous ou vous en débarrasser.

Les rituels sont de petits moments rien qu'à vous, des moments introspectifs pour vous écouter. #feelgood

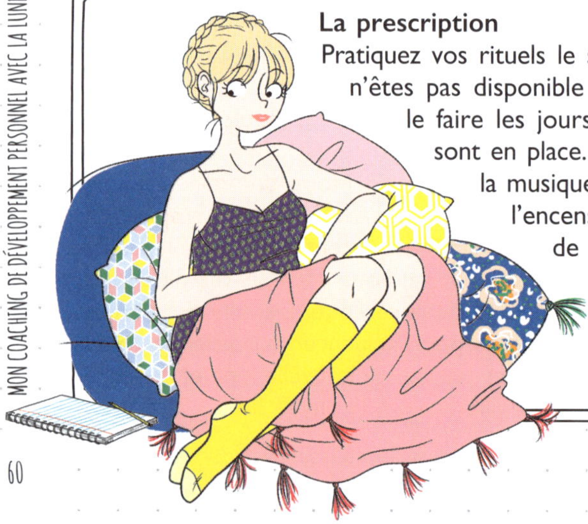

La prescription

Pratiquez vos rituels le soir de la pleine ou nouvelle lune. Si vous n'êtes pas disponible à ce moment-là, vous pouvez également le faire les jours précédents ou suivants, car les énergies sont en place. Créez un espace calme et serein, avec de la musique si vous le souhaitez, quelques bougies, de l'encens ou tout autre élément vous permettant de vous détendre. Vous pouvez également faire votre rituel en respirant l'huile essentielle indiquée ou encore après une courte méditation afin de poser votre esprit. Laissez votre intuition vous guider !

Mon petit carnet pour noter mon évolution

Tout au long du programme, un petit carnet est votre meilleur ami ! Notez-y vos réflexions, mais surtout, vos sensations et vos pensées à la fin des méditations pour les ancrer profondément en vous, vous en rappeler et y faire de nouveau appel quand vous vous éloignez de cet état d'esprit positif. Écrivez également vos ressentis après chaque séance de yoga ou après vos rituels, pour intégrer vos sensations de bien-être et vos bonnes résolutions. Ainsi, vous pouvez observer votre évolution au fil des lunaisons !

Mon coaching personnalisé de nouvelle lune

C'est parti pour une nouvelle vie ! En passant successivement dans vos différentes maisons pendant 1 an, la nouvelle lune vous invite à améliorer chacun de ces domaines. Réfléchissez à la façon d'augmenter votre bien-être dans chacun en vous aidant de méditations et de mantras positifs, d'huiles essentielles équilibrantes et de yoga zen pour ancrer ces nouvelles résolutions. Objectif bonheur !

Ma 1re maison : ma personnalité

C'est le moment de changer la façon dont le monde vous voit ! Comment souhaitez-vous que les autres vous définissent ? Ayez le courage de vous lancer dans de nouvelles étapes de votre vie, de donner une direction claire à votre parcours et de laisser tomber vos masques. Profitez-en pour mettre en place des habitudes pour vous sentir bien dans votre corps et votre vie. Aimez-vous, sortez votre plus belle tenue du placard et admirez-vous ! Donnez ou jetez tout ce qui ne vous correspond plus. C'est le moment de projeter la personne idéale que vous souhaitez être, avec tout son potentiel !

Ma méditation et mes affirmations

Installez-vous confortablement sur un coussin ou votre lit, prenez 3 grandes inspirations et connectez-vous à vos sensations corporelles. Lorsqu'une pensée apparaît, laissez-la s'envoler. Puis, récitez plusieurs fois dans votre tête : «Je m'autorise à changer et évoluer», «Je ne suis plus celle que je croyais être» et «Ma personnalité n'est pas figée». Répétez ces mantras autant de fois que possible. Puis observez ce qu'il se passe en vous, et prenez le temps de bien ancrer ces sensations dans votre corps et votre mental. Terminez votre méditation.

Mon petit rituel : je manifeste mon amour pour moi-même

Afin d'attirer l'amour à soi et toutes les plus belles expériences possibles, il est important de vous y autoriser et d'être d'abord en amour avec vous-même ! Installez-vous confortablement et prenez 3 grandes inspirations pour vous centrer sur vos sensations et clarifier vos pensées. Prenez une feuille et un stylo, notez toutes les qualités physiques que vous voyez chez vous, puis vos talents et compétences. Ça peut être difficile au début, mais vous êtes une personne merveilleuse, et vous le savez ! Relisez cette liste à haute voix en ajoutant «je suis» à chaque début de phrase, puis pliez le papier et portez-le sur votre cœur pour vous en imprégner.

Mon HE coup de pouce : angélique

Calmante, l'angélique (ou archangélique) vous permet de vous affirmer et de découvrir qui vous êtes réellement. Elle rend confiant, donne la sensation que tout est possible. Elle augmente votre clarté pour prendre des décisions, la certitude et la détermination nécessaires pour vaincre les obstacles. Elle calme vos peurs et apaise les doutes qui pourraient vous empêcher d'évoluer dans la bonne direction.

Ma posture de yoga : le triangle (trikonasana)

Le triangle en torsion symbolise l'union du corps, du souffle (la vie) et de l'esprit. Trikonasana révèle les tensions dans le corps, au niveau des jambes, du bassin, du dos… Il s'agit là de limitations physiques mais peut-être aussi, symboliquement, de limitations mentales : la liberté de s'ouvrir à de nouvelles expériences de vie, l'équilibre auquel vous aspirez, les qualités que vous avez envie de développer… L'union de ces trois notions vous permet de trouver l'harmonie entre ce que vous souhaitez montrer de votre personnalité et ce que vous êtes réellement.

Ma 2e maison : l'abondance, les biens matériels, mes talents et compétences

L'abondance est au centre de vos préoccupations, c'est le moment de vous concentrer sur vos objectifs, les étapes à gravir et ce que vous souhaitez obtenir dans votre vie. L'abondance concerne les richesses matérielles, mais également tous les petits bonheurs et plaisirs du quotidien. Visualisez votre lieu de vie idéal, la famille dont vous rêvez et tout ce que vous souhaitez projeter pour les mois à venir. C'est le moment de vous rappeler vos qualités et compétences afin d'être en mesure de demander ce que vous méritez dans votre vie. Concentrez votre attention sur la façon de gérer vos finances et faites le point sur vos comptes sans vous stresser sur l'avenir.

Ma méditation et mes affirmations

Sur le même modèle que la méditation p. 61, récitez plusieurs fois dans votre tête : « Je crois en moi », « J'ai beaucoup à offrir dans ce monde » et « L'univers m'offre tout ce dont j'ai besoin ».

Mon petit rituel : je manifeste l'abondance dans ma vie

Installez-vous confortablement et prenez 3 grandes inspirations pour vous centrer sur vos sensations et clarifier vos pensées. Prenez une feuille et un stylo, puis notez, en haut de la page, le montant mensuel que vous aimeriez atteindre par mois dans l'optique d'être confortable. Soyez honnête envers vous-même, visualisez un chiffre atteignable et mettez-y toute votre volonté. Puis faites la liste de toutes les choses que vous souhaiteriez mettre en place grâce à cet argent : des biens matériels, des voyages, des cadeaux, des investissements… Lorsque votre liste est terminée, pliez-la et rangez-la soigneusement dans un endroit où vous pourrez la retrouver d'ici quelques semaines.

Mon HE coup de pouce : ylang-ylang

L'ylang-ylang donne un petit coup de pouce à la loi d'attraction pour vous aider à recevoir les cadeaux de la vie, l'amour et l'abondance. Cette HE amplifie le sentiment de sécurité et de calme intérieur, afin de laisser la place à plus de légèreté et de joie. La bonne disposition d'esprit pour attirer la réussite, le bonheur et toutes les choses positives de la vie ! Elle calme votre peur de manquer d'argent, apaise le mental afin que vous puissiez davantage suivre votre intuition et vous guide vers l'abondance.

Ma posture de yoga : la demi-chandelle (viparita-karani)

Soutenez votre dos avec une brique ou placez simplement vos jambes et vos fesses contre un mur si c'est trop difficile. En conscience, prenez le temps de vous connecter à vos sensations. Respirez profondément, ça réduit les légers inconforts !

La demi-chandelle est une très bonne posture réparatrice, elle permet de relancer l'énergie lorsque la vitalité s'essouffle. Elle apporte une meilleure circulation de tous les fluides dans le corps, favorise une bonne circulation sanguine mais, surtout, une meilleure irrigation de la tête. La régénération cellulaire des neurones est ainsi favorisée, les fonctions cérébrales sont stimulées, améliorant la compréhension, la réflexion et la mémorisation. Elle est idéale à pratiquer le matin, lorsque vous souhaitez clarifier votre mental et vous atteler à des activités telles que la gestion de vos finances ou vos tâches quotidiennes. L'abondance nécessite une vitalité suffisante afin de conserver un esprit positif et un cœur en joie !

Ma 3e maison : ma façon de communiquer

Attendez-vous à une période assez riche ! Vous avez à ce moment la capacité de vous exprimer et de faire passer vos messages. Il est important d'être en phase avec ce que vous ressentez et pensez, car cette lune est l'occasion de vous affirmer et d'observer ce qu'il se joue dans vos relations. Conservez les personnes bienveillantes avec qui vous pouvez être vous-même et éloignez-vous de celles qui ne vous correspondent plus. Plus vous êtes vraie, en phase avec vous-même, et plus vous attirez à vous les personnes et les situations bénéfiques pour développer votre vie de façon positive.

Ma méditation et mes affirmations

Sur le même modèle que la méditation p. 61, récitez plusieurs fois dans votre tête : « Mon stress disparaît à travers ma respiration », « J'ai le droit d'exprimer mes émotions » et « Mes relations avec les autres s'améliorent de jour en jour ».

Mon petit rituel : j'exprime ce que je bloque

Installez-vous confortablement et prenez 3 grandes inspirations pour vous centrer sur vos sensations et clarifier vos pensées. Visualisez maintenant une personne à qui vous souhaiteriez exprimer des sentiments ou des pensées mais que vous n'osez pas. Choisissez la première personne qui vous vient en tête, ne réfléchissez pas trop. Prenez une feuille et un stylo, puis écrivez comme cela vous vient tout ce que vous avez sur le cœur. Vous ne lui donnerez pas cette lettre, mais ainsi, vous videz votre sac pour vous sentir plus légère. Une fois votre lettre terminée, jetez ou brûlez-la.

Mon HE coup de pouce : bergamote

Tel un rayon de soleil, la bergamote apaise le système nerveux. Elle donne du courage et l'envie de s'exprimer en améliorant l'affirmation de soi. Elle élève l'esprit, le rend plus lucide pour vous sentir capable de vous exprimer sans crainte du jugement des autres.

Ma posture de yoga : le bateau (navasana)

Dans cette posture, votre corps imite la forme d'un petit bateau avec une voile et des rames. Elle structure et renforce les muscles du dos et les abdominaux. Elle vous permet de vous engager pleinement dans ce que vous traversez au quotidien et renforce vos convictions. Elle vous aide à vous affirmer, à maintenir vos positions et vos valeurs sans culpabiliser, à transmettre vos pensées et émotions avec fermeté, sans colère, ou encore à vous sentir apte à exprimer vos besoins à votre entourage.

Qu'est-ce que ça dit de moi ?

Observez la tension dans vos yeux : elle mesure votre capacité à vous détendre dans une situation inconfortable. Essayez de conserver votre regard calme même lorsque ça devient difficile : pour vous rendre vers vos aspirations, il n'est pas nécessaire de souffrir et de résister ! La puissance est en vous, elle vient de la confiance et de la stabilité. Prenez le temps de vous connecter à vos sensations. Respirez profondément afin de dépasser la difficulté du gainage.

Ma 4e maison : mon chez-moi et ma famille

Cette phase est dédiée au foyer que vous souhaitez créer, à votre représentation de la famille idéale et au sentiment de se sentir chez soi. C'est le bon moment pour vous demander ce que vous pouvez faire pour vous sentir à l'aise et en harmonie dans votre intérieur, et pour apaiser vos relations familiales. Sinon, déménagez, réorganisez votre intérieur ou remettez de l'ordre dans la gestion du quotidien !

Ma méditation et mes affirmations

Sur le même modèle que la méditation p. 61, récitez plusieurs fois dans votre tête : « Je me ressource dans mon foyer », « Je suis en sécurité » et « Je sais où je me sens heureuse ».

Mon petit rituel : je me reconnecte à ma lignée familiale

Pour faire ce rituel, demandez en amont à vos parents quels sont les noms de leurs parents et ainsi de suite afin de réaliser votre arbre généalogique en remontant le plus loin possible. Puis installez-vous confortablement face à votre arbre et notez, en face de chaque prénom, ceux que vous connaissez le mieux, leur personnalité, leur métier, leurs traits de caractère, leurs caractéristiques... Ensuite, établissez des liens avec votre mode de vie, essayez d'identifier ce que vous portez inconsciemment, des blessures communes, des métiers similaires, des façons de penser identiques... Ce rituel permet de prendre conscience des caractéristiques que vous avez héritées et qui ne nous appartiennent pas en propre. Fermez les yeux, placez la feuille au niveau de votre corps et visualisez tous ces ancêtres, vivants ou non, et remerciez-les : « Merci de m'avoir portée jusqu'ici, je suis aujourd'hui capable de faire mes propres choix et de me laisser guider par mon cœur. » Restez quelques instants dans un état méditatif, puis rangez la feuille soigneusement afin de reprendre votre quotidien dans des énergies nouvelles.

Mon HE coup de pouce : patchouli

Spécialiste du lâcher-prise, elle vous aidera à être plus sereine. Elle vous réconcilie avec vos origines, pour que vous puissiez vivre votre individualité et vous affirmer en douceur. Elle vous aide à rester fidèle à vos convictions afin d'établir vos propres racines et vous donne le courage d'exprimer vos émotions calmement pour développer l'harmonie dans votre foyer.

Ma posture de yoga : l'aigle (garudasana)

Dans l'hindouisme, Garuda est le protecteur de la Création, il soutient, préserve et protège l'univers. Cette posture vous invite à réfléchir à ce que signifie pour vous préserver et soutenir votre cocon, votre foyer, vos racines. En tenant la posture, laissez votre conscience envahir chaque partie de votre corps. Cette pratique vous entraîne à être pleinement présente, elle favorise l'état méditatif et vous permet de traverser le quotidien avec calme, car c'est une posture d'équilibre.

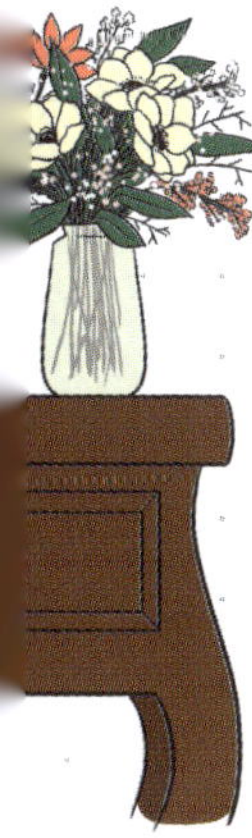

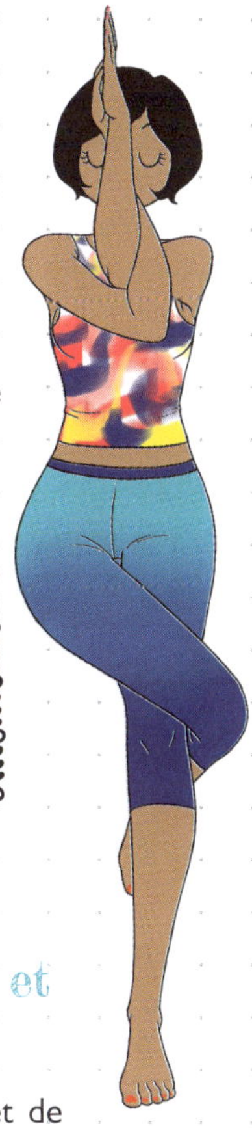

Reproduisez la posture de l'autre côté afin de bien équilibrer le corps. Observez la tension dans vos jambes, vos bras, votre capacité à garder l'équilibre, l'agitation de votre mental et prenez le temps de vous connecter à vos sensations, de comprendre ce qui peut vous déranger en ce moment. Respirez profondément afin de conserver l'équilibre.

Ma 5e maison : les plaisirs, la joie, la créativité et mon enfant intérieur

Cette lune est celle des plaisirs, de la joie de vivre, de la créativité et de la romance. Elle vous invite à vous reconnecter à votre part d'enfance, à la légèreté, à vos envies créatives et à la joie. La créativité n'est pas réservée au monde de l'art, elle se manifeste dans la vie de tous les jours. C'est la capacité à apporter de la nouveauté, et donc de la surprise, de la curiosité, de la pleine conscience (car tout ce que vous vivez à fond, avec tous vos sens, constitue un moment unique, une nouveauté). Vivez en pleine conscience, lancez-vous dans de nouvelles activités créatives, contactez la petite fille curieuse qui sommeille en vous. C'est également le moment d'intégrer de la douceur et du peps dans vos relations : pimentez votre couple ou osez sortir si vous êtes célibataire. Amusez-vous, sortez de la routine !

Ma méditation et mes affirmations

Sur le même modèle que la méditation p. 61, récitez plusieurs fois dans votre tête : « J'écoute mon enfant intérieur », « La vie est un jeu » et « Je déploie mes émotions à travers ma créativité ».

Mon petit rituel : je me lâche avec le yoga du rire

Le yoga du rire, ou hashya yoga, a été inventé à Mumbai en 1995 par le Dr Madan Kataria, un médecin indien. Cette pratique un peu particulière consiste à apprendre à rire sans raison. Ces exercices inspirés du yoga, du stretching et de la relaxation ont pour but de déclencher le rire, de vous relaxer et de lever vos inhibitions. Vous pouvez chercher un cours près de chez vous ou bien le pratiquer seule à la maison.

Let's go !

Commencez par une courte méditation afin de bien vous relaxer, puis laissez venir à vous des images joyeuses ou drôles pour déclencher le rire. Alors, riez le plus longtemps possible, plusieurs minutes pour libérer les hormones du bonheur. Si vous avez du mal à rentrer dans la pratique, vous pouvez tricher en regardant de petites vidéos humoristiques et ainsi enclencher le mouvement. C'est parti !

Mon HE coup de pouce : cannelle

La cannelle vous encourage à l'inventivité et stimule votre créativité. Elle renforce votre appétit pour la vie et vous rend épicurienne. Grâce à son effet tonique et euphorisant, elle vous libère de vos inhibitions, stimule vos sens et vous donne envie de créer. Elle développe la chaleur et la joie.

Ma posture de yoga : le chameau (ustrasana)

La pose du chameau est très bénéfique, car elle corrige la posture dos courbé que nous adoptons souvent au bureau, mais aussi instinctivement pour nous protéger. C'est une position d'ouverture du corps et du plexus, en même temps que la colonne vertébrale s'allonge. Cette posture donne confiance en vous, vous pouvez considérer que vous êtes assez forte pour vous laisser porter par le mouvement de la vie. Une sorte de lâcher-prise pour vous ouvrir à la joie et à la légèreté de cette maison !

Ma 6e maison : mes routines et mon bien-être

C'est une phase centrée sur vous et sur votre hygiène de vie. Cela comprend votre job et vos habitudes quotidiennes. Prenez conscience de la façon dont vous soignez votre organisme, votre alimentation, du nombre de fois où vous sortez prendre l'air, où vous faites du sport… Il est temps de revenir à vous. N'oubliez pas : vous avez besoin d'énergie pour atteindre

vos objectifs et prendre soin des autres ! Et l'énergie vient d'une bonne hygiène de vie. C'est le moment de prendre de bonnes résolutions pour vous chouchouter et booster votre bien-être !

Ma méditation et mes affirmations pour tout changer !

Sur le même modèle que la méditation p. 61, récitez plusieurs fois dans votre tête : « Mon bien-être est ma priorité », « J'aime mon corps et je le respecte » et « Je mets en place du positif dans ma vie ».

Mon petit rituel : je crée mon planning bien-être

Afin de rééquilibrer votre quotidien, votre corps et votre esprit, créez votre planning bien-être.

- Instaurez un challenge feel good : notez des activités, par exemple : méditation, ménage, yoga, courses, etc. Sur une feuille, placez en face de chacune des objectifs de temps par semaine et une jauge. Vous pourrez remplir la jauge au long de la semaine. Ça vous encourage à atteindre vos objectifs !
- Faites un « daily log » : sur un planning semainier, placez toutes les choses que vous souhaitez faire (rendez-vous, mais aussi tâches quotidiennes) afin de vous organiser et d'alléger votre tête. À la fin de la semaine, cochez les tâches terminées et reportez les autres à la semaine suivante !
- Faites un « meal plan », c'est-à-dire un menu de la semaine avec sa liste de courses associée : aliments, épices et herbes, tout ce qui vous permettra de cuisiner quoi qu'il arrive sans vous prendre la tête.

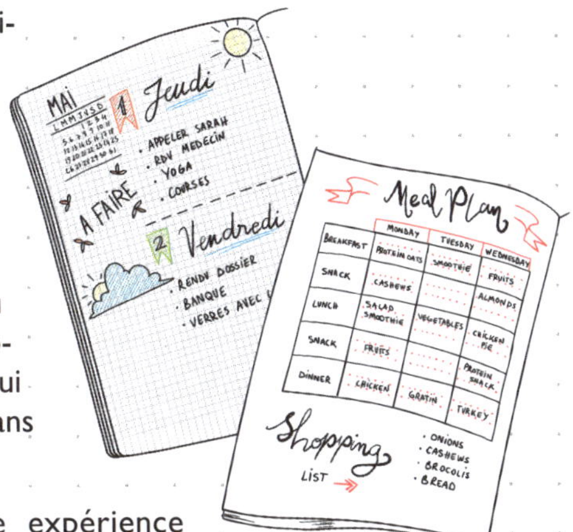

À la fin du mois, faites le bilan de cette expérience et analysez vos points d'amélioration pour booster votre hygiène de vie.

Mon HE coup de pouce : tea tree

C'est la star des huiles bien-être ! Elle stimule le système immunitaire et vous remet sur pied en un rien de temps. Elle lutte contre l'épuisement nerveux, redonne du tonus et de la vitalité. Elle développe également la confiance en vos capacités de guérison.

Ma posture de yoga : la chaise (utkatasana)

La posture de la chaise, parce qu'elle s'élance vers le ciel, est une posture de force et de confiance. En la pratiquant, vous vous sentez enracinée et forte. Elle développe votre assurance et votre aptitude à prendre soin de vous, à avancer quelles que soient les expériences que vous traversez et à comprendre que votre corps a la capacité de se régénérer malgré les épreuves. Grâce à elle, vous intégrez la patience face aux petits désagréments du quotidien en développant votre mental et votre confiance en la vie.

Ma 7e maison : mes amours et mes relations

Cette lune vous invite à améliorer la qualité de vos relations et à élargir vos cercles de personnes bienveillantes. Rappelez-vous que chaque personne est un miroir de l'autre, observez vos réactions au fil des confrontations avec l'autre, afin de comprendre les mécanismes que votre ego a mis en place au fil du temps. Vous autorisez-vous à être vous-même et à créer de nouvelles opportunités de rencontres dans votre vie ? Enfin, analysez votre dépendance aux autres : plus vous vous offrez de l'amour et moins vous le cherchez à l'extérieur.

Ma méditation et mes affirmations

Sur le même modèle que la méditation p. 61, récitez plusieurs fois dans votre tête : « J'aime autant que je m'aime », « Je ne vis pas mes relations à travers mes besoins » et « Je suis capable d'ouvrir mon cœur ».

Mon petit rituel : j'envoie des lettres d'amour

C'est le moment d'envoyer plein de *love* autour de vous ! Installez-vous confortablement, prenez plusieurs feuilles et de quoi écrire. Puis pensez à une personne que vous aimez très fort, qui compte beaucoup pour vous, qui vous permet d'évoluer, qui vous soutient et que vous portez en haute estime. Ne réfléchissez pas trop, la première personne est la bonne ! Écrivez-lui une lettre de gratitude, d'amour ou de remerciements. Exprimez-lui combien vous l'aimez et tout ce qu'elle vous apporte au quotidien. Lorsque vous avez terminé, faites-le pour une deuxième personne, puis une troisième et autant de personnes que vous le souhaitez. Envoyez vos lettres. Imaginez leur joie lorsqu'elles les recevront !

Mon HE coup de pouce : jasmin

Le jasmin calme les chocs émotionnels. Il permet de se détacher des dépendances affectives, il panse les blessures du cœur. Vous pouvez alors voir la beauté de la vie, en vous et autour de vous, retrouver la faculté de donner de l'amour, commencer de nouvelles relations ou vous épanouir dans votre couple.

Ma posture de yoga : le demi-pont (setu bandha sarvangasana)

Dans de nombreuses traditions spirituelles, le pont symbolise une connexion ou un lien entre deux mondes, l'humain et le divin, l'âme et l'ego pour simplifier. Cette posture traduit une forme d'équilibre entre la pensée et les émotions, le cœur et le corps, le tangible et l'intangible. Elle vise à installer l'harmonie et la confiance en vous. Elle vous permet d'ouvrir votre cœur dans les échanges et relations que vous vivez au quotidien. Elle invite à la joie et à l'acceptation dans tout ce que vous traversez auprès de vos proches.

Ma 8e maison : ma sexualité

C'est le moment d'insuffler un nouvel élan à votre sensualité, de vous reconnecter à vos sensations de plaisir, à votre énergie féminine. Passez du temps avec votre partenaire ou sortez à la rencontre de nouvelles conquêtes. Explorez votre féminité profonde, sans tabou ni gêne, en harmonie avec vous-même. Ce n'est pas le moment de vous cacher derrière des interdits, vibrez et jouissez de la vie !

Ma méditation et mes affirmations

Sur le même modèle que la méditation p. 61, récitez plusieurs fois dans votre tête : « J'aime et j'honore mon corps », « Je peux vivre mes fantasmes en paix » et « Le plaisir est un pilier de la vie ».

Mon petit rituel : j'enfile ma tenue de déesse

Afin de vous mettre dans un mood de déesse, prenez toutes les affaires les plus sensuelles de votre dressing. Préparez-vous comme si vous alliez séduire quelqu'un, mais cette personne, c'est vous ! Mettez de la musique qui vous met en joie, faites-vous jolie, maquillez-vous si vous le souhaitez, mettez de la crème ou encore du parfum. Dansez chez vous en vous déhanchant, admirez-vous dans le miroir et constatez la beauté qui émane de vous. Fermez les yeux et restez quelques instants à l'écoute de ce qu'il se passe dans votre corps, qu'est-ce qui a changé ? Quels sentiments et pensées vous traversent ?

Mon HE coup de pouce : myrrhe

La myrrhe permet l'amour et le don de vous-même, afin d'attirer à vous des vibrations identiques ! Elle vous fait ainsi comprendre que l'amour est sacré et qu'il n'y a aucune honte à l'expérimenter lorsque c'est fait en conscience et dans le respect de soi.

Ma posture de yoga : la guirlande (malasana)

La posture de la guirlande permet de puiser l'énergie de la Terre et de vous enraciner profondément afin de calmer votre esprit. Elle active les centres énergétiques inférieurs, le plancher pelvien, l'utérus, les ovaires ou encore l'abdomen. Elle vous aide à vous connecter à votre puissance féminine tout en vous abandonnant symboliquement, car vous vous laissez aller à la force de gravité, sans résistance ni contrôle.

Ma 9e maison : mes aventures et mon développement personnel

Cette nouvelle lune est celle du changement et de l'évolution ! Voyages, études, découvertes… C'est le moment de prendre des vacances ou de bouger. Cette maison est aussi celle du développement personnel et spirituel, l'occasion de rencontrer des personnes qui vous permettent d'évoluer, de vivre de nouvelles expériences et d'enclencher des prises de conscience. Cette lunaison vous offre un très fort potentiel de transformation afin de vous rapprocher davantage de la personne que vous êtes profondément.

Ma méditation et mes affirmations

Sur le même modèle que la méditation p. 61, récitez plusieurs fois dans votre tête : « La vie est une aventure », « Je suis prête à sortir de ma zone de confort » et « Je suis capable d'évoluer et de changer ».

Mon petit rituel : je fais ma bucket list

Installez-vous confortablement et prenez 3 grandes inspirations pour vous centrer sur vos sensations et clarifier vos pensées. Prenez une feuille et un stylo et notez toutes les choses que vous souhaitez réaliser avant de mourir : faire des voyages, tester des activités spécifiques, goûter tel plat, rencontrer telle personne… L'idée est de fixer clairement les buts que vous vous donnez et les inspirations qui peuvent être des moteurs dans votre quotidien. Gardez précieusement votre bucket list et modifiez-la au fil de vos expériences. Le but? Réaliser le plus de rêves possible!

Mon HE coup de pouce : bois de santal

Le bois de santal calme l'esprit, il permet de retrouver l'équilibre et l'harmonie, calme le stress et les tensions. Cela favorise l'ouverture à soi, aux autres et au reste du monde. Il apporte chaleur et soutien à celles qui souhaitent prendre un nouveau départ dans la vie, se lancer dans de nouvelles aventures ou partir en voyage afin de se retrouver.

Ma posture de yoga : le guerrier I (virabhadrasana I)

Cette posture symbolise le «guerrier spirituel», qui combat courageusement l'ignorance de soi, source ultime de toutes nos souffrances. C'est une posture fermement ancrée au sol et élancée vers le ciel. Elle vous permet de canaliser la force de la Terre à travers vos jambes, de la faire circuler dans tout votre axe et ainsi d'y puiser la puissance nécessaire pour atteindre vos plus hauts objectifs, représentés par vos bras levés vers le ciel. Sa symbolique vous invite également à la découverte des zones inexplorées de vous-même, afin de suivre les élans de votre cœur.

Ma 10e maison : ma carrière

Cette nouvelle lune vous invite à évoluer professionnellement. C'est le moment d'être ambitieuse, de placer haut vos objectifs. Rappelez-vous : pour décrocher la lune, il faut viser les étoiles! Demandez une promotion, décrochez l'emploi dont vous rêvez depuis toujours, ou encore créez votre propre entreprise en free-lance. Tout est possible!

Ma méditation et mes affirmations

Sur le même modèle que la méditation p. 61, récitez plusieurs fois dans votre tête : «Je mérite le succès», «Je suis capable d'atteindre tous mes objectifs» et «J'évolue et je me souhaite le meilleur».

Mon petit rituel : Je définis mon emploi idéal et son évolution

Installez-vous confortablement et prenez une feuille de papier. En vous inspirant de l'ikigai, une méthode de développement personnel japonaise qui vise à connaître sa «mission de vie», dessinez 4 cercles entrecroisés, formant un espace commun au centre. Dans chacun des cercles, à l'extérieur, écrivez :

- ce que j'aime
- ce pour quoi je suis douée
- ce pour quoi je peux gagner ma vie
- ce dont le monde a besoin

Et remplissez ces catégories. Analysez ensuite les éléments qui se recoupent pour vous rapprocher de votre emploi idéal. Ce qui se trouve au milieu est votre ikigai, l'activité qui donne du sens à votre vie et vous rend heureuse. Notez ensuite des personnes inspirantes qui se rapprochent de ce chemin de vie et renseignez-vous sur leur parcours professionnel. Avec cette méthode, plus rien ne vous résistera !

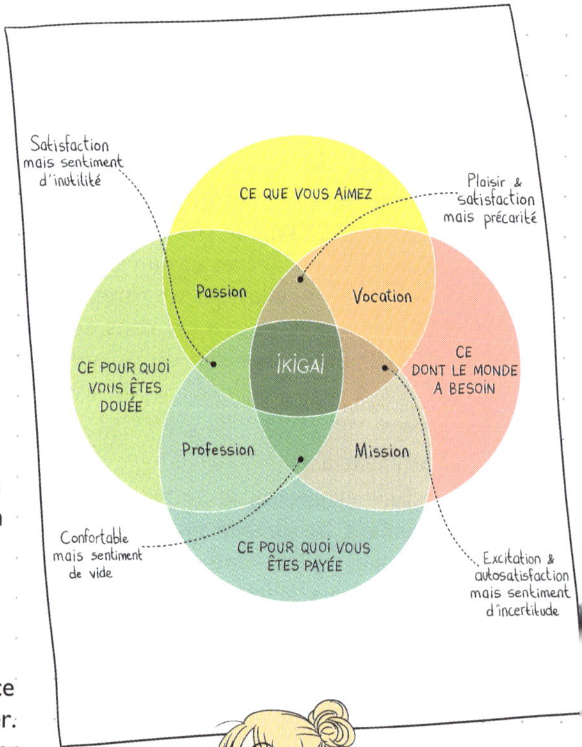

Mon HE coup de pouce : laurier noble

Le laurier noble a la vertu de booster la confiance en soi, de donner de l'assurance et de calmer. Il vous donne des ailes ! Il permet de s'affirmer clairement et calmement. Il relance la motivation et combat le découragement. Vous vous recentrez sur vos valeurs afin de vous sentir alignée.

Ma posture de yoga : le lion (simhasana)

La symbolique et le positionnement physique de la pose du lion renforcent le pouvoir qui est en vous. Quels que soient les obstacles, vous pouvez trouver dans cette posture la force de les surmonter grâce à une puissance sage et canalisée. Cela développe votre capacité à faire face aux nombreux challenges et épreuves. La confiance est en vous !

Ma 11e maison : mes amis et mes liens sociaux

Voici un temps centré sur vos relations amicales et vous-même. Pensez à la personne que vous souhaitez être et aux personnes que vous aimeriez faire entrer dans votre vie. L'expression « être riche de ses amis » prend ici tout son sens. Être au contact de nombreuses personnes vous met face à de multiples miroirs de vous-même et vous offre la possibilité d'évoluer et de grandir. Concentrez-vous sur vos rêves et vos espoirs ; une fois ces derniers déterminés, sachez vous entourer des bonnes personnes, et non l'inverse. Façonnez vos amitiés par rapport à ce que vous êtes, ne construisez pas vos envies sur ce que souhaitent les autres. Soyez vraie et libre d'être vous !

Ma méditation et mes affirmations

Sur le même modèle que la méditation p. 61, récitez plusieurs fois dans votre tête : « Je m'entoure de gens bienveillants », « J'attire à moi les bonnes personnes » et « J'aime mon entourage et j'évolue grâce à eux ».

Mon petit rituel : je rejoins un cercle de femmes

Afin d'évoluer grâce aux autres, rejoignez un cercle de femmes près de chez vous ou créez-en un avec vos amies. Cette tradition multimillénaire consiste à se retrouver entre femmes pour partager ses expériences : livrer ses impressions sur la vie, parler de ce qu'il se passe en vous et des difficultés du quotidien. Les femmes s'écoutent sans jugement ni conseil, simplement avec bienveillance. Les blessures de l'une peuvent faire écho à celles d'une autre, cela vous permet de guérir et de puiser de la force pour vous sentir davantage en harmonie et sereine.

Mon HE coup de pouce : encens

L'encens détend et revitalise. Il installe un calme intérieur, vous libère de la peur et ainsi vous incite à baisser les barrières que vous érigez entre vous et les autres. Il vous permet d'être plus ouverte et de ne plus porter de masque face à vos proches.

Ma posture de yoga : le cobra (bhujangasana)

Le cobra n'a pas de bras, il utilise donc sa forte épine dorsale pour maintenir sa tête. En tenant cette pose, engagez votre dos pour lever votre cœur : une opportunité de convertir la peur en amour. Tout comme un cobra jette sa peau morte, vous pouvez vous débarrasser de vos peurs pour ouvrir votre cœur afin de créer ou approfondir de véritables liens d'amitié profonds et intenses.

Ma 12e maison : mes secrets et mon temple intérieur

Cette lune vous invite à l'introspection. Entrez dans vos profondeurs, explorez les reliefs de votre esprit. Cela implique de vous isoler davantage pour vous écouter et être au calme. Se mettre en retrait n'est pas une faiblesse. Ralentir peut d'ailleurs demander bien plus de force qu'agir ! L'objectif de cette lune : vous reconnecter à vos rêves et à vos besoins profonds. C'est le moment de vous écouter pleinement !

Ma méditation et mes affirmations

Sur le même modèle que la méditation p. 61, récitez plusieurs fois dans votre tête : « Tout est possible », « L'univers me montre le chemin à suivre » et « Je peux trouver la paix intérieure ».

Mon petit rituel : je rencontre mon guide intérieur

Installez-vous confortablement, assise ou allongée si vous ne craignez pas de vous endormir. Prenez de profondes respirations et entrez dans un espace de calme et d'harmonie. Vous pouvez mettre une musique de fond sans paroles pour vous accompagner. Visualisez-vous dans un lieu où vous vous sentez en sécurité et que vous aimez. Imaginez un escalier qui vous emmène dans le ciel, à travers les nuages. Vous empruntez les marches une à une et arrivez dans cet espace lumineux. À cet endroit, demandez à « rencontrer » votre guide. Il peut se présenter sous n'importe quelle forme, soyez ouverte et curieuse. Puis posez-lui vos questions, par exemple : « Comment puis-je débloquer cette situation ? » Laissez les réponses apparaître sous forme d'images, de mots ou de sensations. Enfin, remerciez-le et redescendez le grand escalier avant de revenir à vous et d'ouvrir les yeux.

Mon HE coup de pouce : lavande vraie

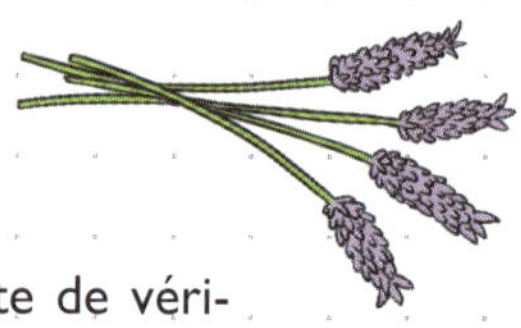

La lavande apporte l'équilibre, la confiance en la vie, la sérénité et la quiétude. Elle vous permet d'être fidèle à vous-même, à vos valeurs et à vos rêves. Elle vous offre la capacité de vous écouter et d'accorder de l'importance à vos ressentis. Elle apporte de véritables capacités de guérison, pour avancer dans la vie sans vous laisser arrêter par les obstacles.

Ma posture de yoga : le bébé heureux (balasana)

La pose du bébé heureux vous rappelle de cultiver la gratitude envers les choses simples. Le dos bien ancré dans le sol et les jambes offertes au ciel, vous pouvez revenir à un état d'innocence parfaite. Le but de cette pose est de vous abandonner complètement à l'instant présent, de jouir de ce qui s'offre à vous et d'accueillir toutes vos expériences sans jugement. Dans cette posture, vous lâchez prise face aux difficultés et vous vous ouvrez à tous les possibles.

Mon coaching personnalisé pour la pleine lune

La pleine lune possède elle aussi des pouvoirs incroyables ! Alors que, pendant la nouvelle lune, vous lancez des pistes pour avancer dans votre vie, la pleine lune vous interroge sur ce que vous devez laisser derrière vous : les personnes ou les pensées qui vous freinent, vous encombrent et vous limitent. Vous boostez votre développement personnel, car plus rien ne vous limite pour améliorer votre bien-être ! Ce sont deux mouvements complémentaires pour vous épanouir dans tous les domaines de votre vie !

L'idée ? Chaque pleine lune, donc chaque mois, selon la maison, interrogez-vous sur les choses qui vous empêchent d'avancer, pratiquez un rituel pour vous en libérer, toujours aidée de votre huile essentielle chouchou et d'une posture de yoga. Faites évoluer votre quotidien de façon positive et magique !

Ma 1re maison : ma personnalité

Dans les jours à venir, attendez-vous à des changements importants, pro ou perso. Vous pourriez ressentir des émotions changeantes et aléatoires sur votre perception de vous-même et la façon dont vous développez votre personnalité. Plus question de vous enfermer dans des cases, de penser que vous êtes comme ceci ou comme cela ! Cette pleine lune insiste pour que vous abandonniez les masques : regardez-vous telle que vous êtes, recentrez-vous sur vous et vos besoins.

Les choses dont je dois me libérer

Oubliez votre image, c'est le moment de vous libérer de vos complexes, de ce que les gens pensent de vous et de toutes les croyances que vous avez sur vous ! Concentrez-vous sur ce que vous aimez chez vous, sur vos qualités et tous les compliments que l'on peut vous faire au quotidien. Regardez-vous dans le miroir avec un regard neuf et bienveillant. Débarrassez-vous de toutes les choses pour lesquelles vous culpabilisez ou complexez, cessez de vous mettre la pression !

Mon petit rituel : je m'offre un instant beauté

C'est le moment positive body & mind ! Préparez votre salle de bains, tamisez les lumières, mettez de la musique douce et apaisante ainsi que quelques bougies. Si vous avez une baignoire, préparez-vous un bain avec des huiles essentielles, de lavande ou d'ylang-ylang par exemple. Si vous avez une douche, faites couler l'eau bien chaude avant de vous glisser sous la cascade. Prenez ce temps pour vous, pour apprécier votre corps, cette enveloppe qui vous permet de vivre. Puis, une fois sortie, massez-vous avec de l'huile, faites-vous un masque, prenez soin de vos cheveux, de votre visage… Et prenez le temps d'apprécier ce temps de reconnexion à vos sensations.

Mon HE coup de pouce : basilic

Tonique nerveux et cérébral, le basilic renforce votre ego, vous rend plus dynamique et active. De quoi rebooster votre estime de vous et vous recentrer sur vous et vos besoins, afin de ne plus vous identifier à l'image que les autres vous renvoient. Le basilic vous accompagne si vous êtes introvertie. Idéal pour vous mettre sur le devant de votre propre scène !

Ma posture de yoga : le guerrier 2 (virabhadrasana II)

Cette posture évoque le guerrier se tenant debout avec son épée prête à frapper. Cette position soutient votre confiance en vous, l'énergie de dynamisme. Les bras parallèles au sol et le regard vers l'avant insufflent l'action pour affirmer votre personnalité ainsi que vos qualités.

Ma 2e maison : l'abondance, les biens matériels, mes talents et compétences

Cette pleine lune vous invite à vous libérer de tous vos soucis et à lâcher prise sur les aspects matériels. C'est le moment de trouver l'équilibre entre ce que vous donnez et ce qui vous revient, que ce soit en termes financiers ou pas. Essayez de vous concentrer sur la valeur que vous vous portez, de savoir si vous n'en faites pas trop par besoin de reconnaissance et si l'énergie que vous dépensez est reconnue à sa juste valeur. Apprenez néanmoins à ne pas bloquer l'énergie de l'abondance par peur de manquer ou de ne pas recevoir en retour, ayez confiance dans la juste circulation des choses !

Les choses dont je dois me libérer

Abandonnez toutes vos croyances par rapport à l'argent, ce que vos parents ont pu vous inculquer, ce que vos collègues et amis peuvent penser… L'argent est une énergie qui circule ! Plus vous l'autorisez à sortir (sans le jeter par les fenêtres non plus, évidemment), plus vous l'accueillez dans la gratitude, plus vous serez sereine face à votre compte en banque, et plus il viendra à vous. Lâchez prise, arrêtez d'essayer de retenir l'argent à tout prix. Ne vous laissez pas guider par la peur : l'abondance n'est pas la seule source de joie dans votre vie !

Mon petit rituel : j'écris à l'univers

C'est le moment de passer commande à l'univers ! Ne sous-estimez pas le pouvoir de l'attraction, vos pensées ont bien plus d'influence que vous ne le croyez. Installez-vous confortablement et prenez une feuille de papier, commencez par écrire : « Cher Univers,… » et complétez en y ajoutant toutes les choses que vous souhaitez voir apparaître dans votre vie. Pensez-les avec le cœur et non votre tête ; si vous le souhaitez fort, il ne tient qu'à vous de le manifester !

Mon HE coup de pouce : clou de girofle

Le clou de girofle vous insuffle un nouvel élan et renforce votre esprit d'entrepreneuse. Il vous aide à vous lancer dans de nouveaux projets, à commencer une nouvelle étape, à amorcer un changement. Il vous apporte structure et soutien afin d'avancer. Avec lui, faites face à tous les challenges, ayez confiance dans la libre circulation de l'abondance sans vous créer des angoisses !

Ma posture de yoga : le chien tête en bas (adho mukha svanasana)

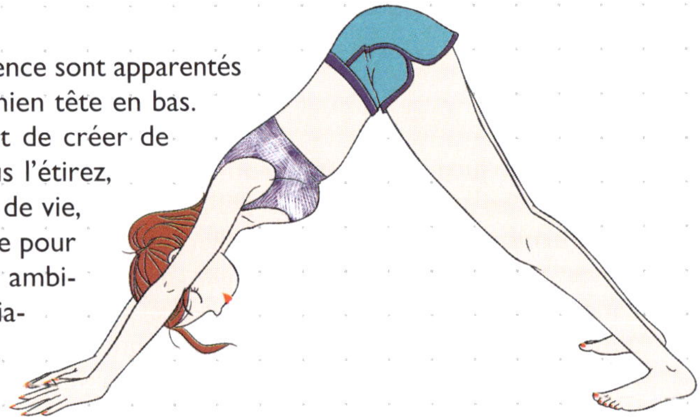

Les quatre buts fondamentaux de l'existence sont apparentés aux quatre pattes dans la posture du chien tête en bas. Ancrées dans la terre, elles permettent de créer de l'espace dans le corps pendant que vous l'étirez, pour laisser place au souffle, à l'énergie de vie, et ainsi à l'abondance. Elle est votre alliée pour ancrer vos projets, développer votre ambition, vous sentir en sécurité et matérialiser les choses dont vous avez envie dans votre quotidien afin d'obtenir le succès matériel et le bonheur.

Ma 3e maison : ma façon de communiquer

Cette lune vous invite à exprimer les non-dits. Libérez ce qui vous pèse pour vous sentir plus légère. Utilisez tous les moyens que vous jugez utiles : parole directe, messages, mais ne le conservez pas en vous. Essayez de percevoir ce que vous n'osez pas dire et pourquoi, afin de remonter à la racine de vos blocages et vous en libérer.

Les choses dont je dois me libérer

Libérez-vous de la peur de déplaire en exprimant vos besoins et vos pensées. Ne culpabilisez pas non plus de dire la vérité, même si elle peut blesser votre interlocuteur. C'est le moment de faire de vous la priorité, et d'oser exprimer l'être lumineux que vous êtes. N'ayez plus peur de briller, de réussir, d'avancer et d'évoluer. Apprenez à poser les bons mots sur ce que vous ressentez, avec douceur et bienveillance, afin d'entraîner votre entourage dans vos good vibes.

Mon petit rituel : j'écris une lettre à ma future moi

C'est le moment de parler à la version de vous-même plus âgée de quelques années. Installez-vous confortablement, prenez 3 grandes respirations et exprimez-vous, sans trop réfléchir. Imaginez que vous puissiez donner des conseils, des messages, des intentions à la personne que vous serez dans le futur. Ce que vous conseillez vous permettra de comprendre les choses que vous auriez besoin d'exprimer.

Mon HE coup de pouce : coriandre

Neurotonique, la coriandre fait des miracles dans le domaine de l'expression, elle vous aide à dire la vérité, à exprimer les choses importantes pour vous et à vous affirmer face aux autres. Elle vous permet de poser les bons mots sans vous laisser embrouiller par vos émotions.

Ma posture de yoga : la demi-lune (ardha chandrasana)

La posture de la lune représente à la fois les aspects yin : l'équilibre, l'harmonie, ainsi que les facettes yang : l'action. Elle vous invite à trouver l'équilibre entre votre intuition, votre créativité féminine et vos actions. Elle vous connecte à votre centre instinctif, renforce l'estime de vous et vous aide à exprimer vos émotions avec justesse. Elle est également idéale pour soulager les sciatiques, souvent symboles d'émotions contenues et bloquées en nous.

Ma 4e maison : mon chez-moi et ma famille

Cette pleine lune vous invite à voir ce qu'il se joue en vous, dans votre foyer et avec les différents membres de votre famille. Y a-t-il des colères, des frustrations ou des incompréhensions avec votre amoureux ou les membres de votre famille ? Analysez le temps que vous passez chez vous et celui que vous passez à l'extérieur, à travailler ou à partager avec vos ami(e)s. Vos activités sont-elles équilibrées ? Faites-vous l'impasse sur votre vie familiale en choisissant délibérément de fuir certaines situations ?

Les choses dont je dois me libérer

Analysez vos relations avec votre famille, votre amoureux, essayez d'identifier les émotions qui se présentent à vous au quotidien. Est-ce toujours de la joie ? Ou plutôt des colères et des frustrations ? C'est le moment idéal pour mettre les choses sur la table et partager vos points de vue afin de faire évoluer vos relations. Prenez de la distance avec les conventions sociales, vos peurs, et ce qu'il est plus « juste » de faire. Revenez à vous et à vos envies ; créer un foyer n'est pas toujours chose aisée, mais l'important est de toujours revenir à ce qui se trouve dans votre cœur.

Mon petit rituel : je réharmonise mon lieu de vie

Faites le grand ménage ! Rangez, triez, jetez tout ce dont vous n'avez plus besoin afin de faire place nette et de revenir à l'essentiel. La question de Marie Kondo, la papesse du rangement, pour savoir si vous devez conserver un objet : « me met-il en joie ? » Si c'est non, poubelle ! Observez les vieux souvenirs que vous n'avez toujours pas réussi à faire disparaître, demandez-vous pourquoi et quelle est la porte que vous n'arrivez pas encore à fermer. Prendre conscience de votre attachement à certains souvenirs est déjà un premier pas pour les laisser partir. Plus vous vous sentirez libre dans un espace clair et harmonieux, plus l'espace en vous deviendra léger et limpide. Ne négligez pas la magie du rangement !

Mon HE coup de pouce : petit grain bigarade

Le petit grain bigarade apaise les tensions et les colères afin d'apporter l'harmonie et l'équilibre. Il vous permet de lâcher prise, pour oser vivre vos désirs ou élans affectifs et de stimuler votre communication. Il vous offre la sensation de sécurité et de sérénité. Idéal pour vous cocooner et vous réconforter lorsque vous traversez des émotions conflictuelles ou difficiles !

Ma posture de yoga : la torsion (vakrasana)

La célèbre posture de la torsion possède de nombreux bénéfices physiques : elle augmente la souplesse de la colonne vertébrale, fait circuler l'énergie dans tout le corps et corrige les éventuelles déviations. Grâce à un réalignement naturel, elle développe votre stabilité, votre confiance en vous, votre persévérance, la sérénité et la sécurité, même dans les conflits au sein de votre foyer ou avec vos proches.

Ma 5e maison : les plaisirs, la joie, la créativité et mon enfant intérieur

Cette pleine lune vous invite à vous demander s'il y a assez de plaisirs et de légèreté dans votre vie ! Est-ce que vous prenez assez de temps pour vous faire plaisir ? Pour vous amuser ? Pour être surprise ? Elle vous invite enfin à vous reconnecter à votre désir de créer, artistiquement ou professionnellement. Vous autorisez-vous à vous lancer, à créer ?

Les choses dont je dois me libérer

Reconnectez-vous à vos rêves d'enfant, vos envies, vos désirs inconscients. Tout ce que vous avez pu oublier ou mettre de côté car ce n'était pas le bon moment ou parce que vous n'y avez pas été autorisée, et bannissez les interdits. Arrêtez de vous limiter. Demandez-vous ce que vous feriez si tout était possible et que personne n'était là pour vous juger.

Mon petit rituel : je contacte mon enfant intérieur

Installez-vous confortablement en position de méditation, prenez plusieurs grandes respirations et visualisez la petite fille en vous. Visualisez-vous lorsque vous étiez enfant, à l'âge que vous voulez. Observez son énergie, son apparence, si elle vous fait passer des messages concrets, des mots ou des images, son attitude… Puis, lorsque vous êtes prête, ouvrez les yeux et dessinez cette enfant intérieure. Laissez les couleurs et les formes se poser sur le papier sans faire intervenir votre mental. Lorsque vous avez terminé, observez le résultat et essayez de voir si certaines symboliques apparaissent, quelles sont les pensées ou sentiments que cela provoque en vous.

Mon HE coup de pouce : géranium

Le géranium stimule la réceptivité et la sensibilité féminine, afin de retrouver les qualités de la petite fille que vous étiez et ainsi être une femme libre et épanouie. Il vous aide à vous exprimer, à évoquer vos besoins dans la tendresse et la délicatesse. Grâce à lui, vous vous autorisez à vivre les choses avec plus de légèreté, un autre regard, à trouver des solutions créatives pour rebondir.

Ma posture de yoga : la danseuse (natarajasana)

La posture de la danseuse indique qu'il est possible d'être stable, alignée et joyeuse tandis que le changement se produit autour de vous. Avec cette courbe équilibrée sur votre jambe, votre cœur tendu vers le ciel, vous vous ouvrez à toutes les expériences de la vie. Cette pose initie à la fluidité, c'est une invitation à entrer dans la danse du quotidien, à prendre du plaisir et à rebondir face aux difficultés. Amusez-vous à intégrer cette posture sur de la musique, dansez librement ! Bref, ouvrez-vous à la joie et à la créativité !

Ma 6e maison : mes routines et mon bien-être

Cette pleine lune vous invite à déstresser pour améliorer votre qualité de vie. Pendant cette lune, vous vous sentirez peut-être inquiète de savoir comment gagner (mieux) votre vie et inquiète pour votre santé. Cette lune met en lumière ce que vous devriez améliorer dans votre hygiène de vie. Plutôt que de culpabiliser, demandez-vous ce que vous pouvez mettre en place pour vous chouchouter body & mind.

Les choses dont je dois me libérer

Toutes vos mauvaises habitudes ! C'est le moment parfait pour arrêter de fumer, diminuer les apéritifs, manger plus sainement, vous remettre au sport, etc. Demandez-vous également ce qu'on attend de vous et ce que vous avez vraiment envie de faire, pour arrêter de vous tuer au bureau ou de vous mettre la pression. Retrouvez vos vrais désirs pour vivre en paix !

Mon petit rituel : je pratique un automassage feel good

Afin de faire circuler les énergies dans votre corps et booster votre bien-être, les automassages sont de petits gestes magiques ! Tout d'abord, prenez une huile végétale, de noisette ou de jojoba par exemple, et massez-vous le visage pendant plusieurs minutes avec de petits mouvements circulaires, pour une meilleure élasticité et un rééquilibrage de la nature de la peau. Puis sélectionnez une crème ou une huile et massez-vous en partant des jambes, de bas en haut, afin de faire circuler le sang et la lymphe vers les organes qui éliminent les toxines (reins et foie notamment). Enfin, diluez 3 gouttes d'une huile essentielle (lavande vraie, par exemple) dans une huile végétale et massez la plante des pieds et les orteils par des petites pressions. C'est une zone très réceptive à l'aromathérapie, pour vous détendre et vous ancrer au quotidien.

Mon HE coup de pouce : estragon

L'estragon rend bienveillant envers soi. Il vous permet d'être moins dure envers vous-même. Il apporte de l'indulgence au quotidien et de la flexibilité afin de ne plus autant vous mettre la pression pour faire des régimes, faire du sport, boucler toutes vos tâches ménagères… Plus vous serez douce envers vous-même et plus vous souhaiterez vous faire du bien. Pour vous, et non plus par obligation !

Ma posture de yoga : le poisson (matsyasana)

La posture du poisson, qui renforce votre dos et vos abdominaux et soulève votre cœur, vous offre une certaine tendresse féminine afin de prendre soin de vous avec amour. Une posture feel good !

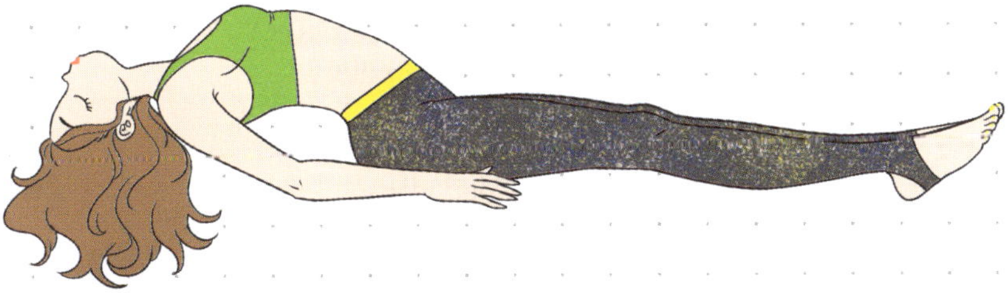

Ma 7e maison : mes amours et mes relations

Attention, cette pleine lune peut secouer ! Elle met l'accent sur vos relations amoureuses et le couple. C'est le moment de savoir si vous ressentez toujours la passion et l'harmonie dans votre relation, de comprendre si vous ne restez pas par sécurité, si vous vous sentez toujours aussi libre de vous exprimer et d'être vous-même. Analysez votre quotidien avec votre moitié et prenez le temps d'échanger sur votre relation… Si certains changements doivent être apportés, c'est maintenant !

Les choses dont je dois me libérer

C'est le moment de vous libérer de vos blessures affectives. Abandonnez vos peurs et ouvrez votre cœur à nouveau afin de vivre un amour profond avec vous-même et l'être aimé, actuel ou futur. N'oubliez pas que chaque personne qui entre dans votre vie vous apporte une leçon à retenir. Il ne tient qu'à vous de l'observer pour évoluer.

Mon petit rituel : je rédige ma lettre d'amour personnelle

Installez-vous confortablement, ouvrez un espace sacré en allumant une bougie ou avec de l'encens (pour vous mettre dans le mood). Adoptez une respiration profonde et connectez-vous à vos sensations. Prenez une feuille et écrivez une lettre d'amour… à vous-même ! Dites-vous quelles sont vos qualités, vos réussites, les expériences que vous avez su traverser, les belles choses que vos proches disent de vous… Osez vous offrir tout l'amour que vous méritez ! Écrivez autant que vous le souhaitez et arrêtez-vous lorsque vous avez le sentiment de vous être exprimée. Dans les prochains jours, n'hésitez pas à relire cette belle lettre.

Mon HE coup de pouce : palmarosa

Le palmarosa vous rend plus douce et romantique afin de tisser des liens profonds avec votre entourage. Vous traversez alors les conflits avec plus de facilité. Cette huile est idéale si vous souhaitez faire de nouvelles rencontres ou renforcer votre amour avec les personnes qui sont déjà dans votre vie.

Ma posture de yoga : l'arc (dhanurasana)

L'arc a une place particulière dans la religion hindouiste, de par sa symbolique et sa pose. Dans la philosophie indienne, le dieu de l'amour (Kama) vise les cœurs avec son arc afin d'inspirer l'amour aux autres et assurer ainsi la continuation de la vie. Cette pose où vous ouvrez la cage thoracique vous invite à ouvrir votre cœur afin de vous connecter plus facilement à votre partenaire et votre entourage. Vous vous sentez prête à baisser la garde vis-à-vis d'autrui. Elle développe la douceur et l'amour en vous !

Ma 8e maison : ma sexualité

La sexualité est un domaine souvent tabou, elle est pourtant centrale lors de cette lunaison. C'est le moment d'observer ce que vous donnez et ce que vous recevez, en termes d'énergie, d'amour et de plaisir. Demandez-vous si vous ne compensez pas certains besoins en vous jetant à corps perdu dans certaines histoires qui ne vous apportent pas ce que vous méritez ? Plus vous incarnez votre puissance de femme affirmée et plus vous vous sentirez à l'aise dans vos relations charnelles.

Les choses dont je dois me libérer

Cette lune vous parle de fin d'un cycle et de renouveau. Oubliez toutes les choses qui vous empêchent de vivre comme vous l'entendez. C'est le moment de vous libérer de ce qui est étiqueté « bon » ou « mauvais » et de ne plus répondre aux conventions sociales, mais de simplement suivre vos envies. C'est également une période de renouveau, une merveilleuse occasion de vous transformer et d'évoluer, afin de devenir celle que vous êtes vraiment, au plus profond de vous.

Mon petit rituel : je pratique la visualisation d'ancrage

Selon l'ayurveda, la sexualité correspond au premier chakra, au niveau de notre périnée, le centre énergétique racine directement relié à la Terre. Afin de vous ancrer dans l'instant présent, dans votre corps et votre puissance (bien plantée dans la terre, on est présente et on se sent forte !), installez-vous confortablement et fermez les yeux. Visualisez de profondes racines qui partent de votre bassin et s'enfoncent dans le sol, jusqu'au centre de la planète. Ressentez les pulsations telluriques dans votre ventre et connectez-vous à cette force. Restez dans cette visualisation quelques minutes, puis revenez doucement à vous.

Mon HE coup de pouce : ciste

En olfactologie, le ciste permet de renouer avec votre femme sauvage, de renforcer vos instincts et vos intuitions. Il est idéal pour vous reconnecter avec votre puissance féminine, avoir confiance en vous, vous sentir à l'aise dans votre cœur, ne pas avoir peur de l'abandon, vous sentir indépendante et fière d'être vous-même. Le compagnon idéal pour vous sentir une femme puissante !

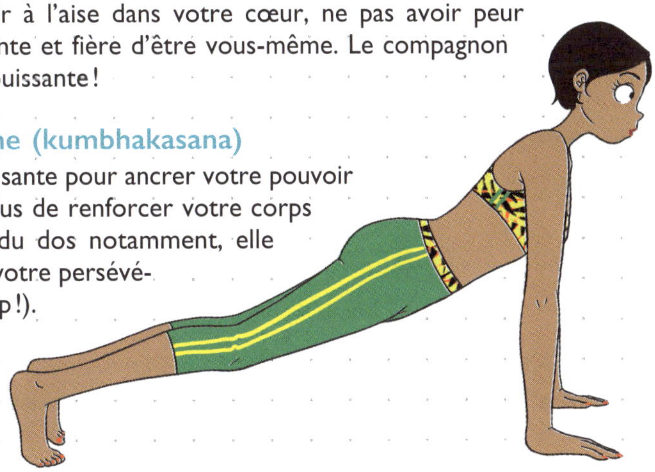

Ma posture de yoga : la planche (kumbhakasana)

La posture de la planche est très puissante pour ancrer votre pouvoir personnel, pour vous affirmer. En plus de renforcer votre corps et vos muscles, ceux des bras et du dos notamment, elle vous offre la possibilité de travailler votre persévérance et votre courage (tenez le coup !). Elle est un merveilleux outil pour contacter la femme sauvage, libre et affirmée en vous, ainsi que pour enraciner de nouveaux souhaits.

Ma 9e maison : mes aventures et mon développement personnel

Cette lune éveille en vous un besoin de comprendre le monde, de le découvrir et de l'expérimenter. Elle peut soulever des questionnements sur le sens de votre vie, la vie que vous souhaitez et ce que vous voulez réaliser. C'est une lunaison importante pour votre développement personnel, le moment de vous demander si vous êtes à votre place et épanouie, si vous ne faites pas l'impasse sur certains rêves par peur ou obligation. Occulter ses envies, c'est la frustration, la colère ou la tristesse garanties. Alors, soyez forte et lancez-vous !

Les choses dont je dois me libérer

Faites le point sur votre niveau de bonheur et envisagez certains changements si cela est nécessaire. Cependant, ne croyez pas que l'herbe est plus verte chez le voisin, vos envies de découverte ne doivent pas être une fuite en avant. Apprenez à discerner ce qui vous appelle vraiment et ce à quoi vous n'avez juste plus le courage de faire face. Pas besoin de plaquer le job de vos rêves du jour au lendemain parce que la pression est trop forte, il faut simplement remettre les choses à plat avec votre employeur. Mais si fonder une ferme éthique dans les montagnes est votre rêve de toujours, alors foncez !

Mon petit rituel : je transforme mes blessures en force

Installez-vous confortablement, respirez profondément et apaisez votre esprit. Prenez une feuille et découpez-la en 10 petits papiers. Sur chacun d'eux, inscrivez les 10 expériences les plus difficiles, tristes ou compliquées que vous avez eues à vivre. Classez-les dans l'ordre chronologique, puis, au dos de chacune, notez ce que cette expérience vous a apporté, la leçon que vous avez apprise ou la force que vous en avez retirée. Ensuite, lisez à haute voix le recto, les expériences négatives, une à une, ajoutez chaque fois : « Merci et adieu », puis déchirez les papiers un à un. Ce rituel vous permettra de vous débarrasser de vos expériences négatives pour ouvrir un nouvel espace où tout est possible.

Mon HE coup de pouce : nard de l'Himalaya

Le nard de l'Himalaya, avec son odeur puissante, vous accompagne pour vous sentir alignée, en phase avec vos envies profondes et votre être profond. Il vous permet de vous connecter à votre cœur afin de suivre vos élans et savoir exactement ce qui vous fait vibrer et vous rend heureuse. Il apporte l'harmonie et apaise les dualités en cas de questionnements (si vous ne savez pas si votre envie est profonde ou si c'est une fuite en avant, par exemple). Il vous permet de laisser libre cours à vos envies de découvertes tout en gardant les pieds sur terre.

Ma posture de yoga : le lotus (padmasana)

Le lotus est la position la plus célèbre dans le yoga et la méditation ! L'arrangement des mains et des pieds symbolise les pétales d'une fleur de lotus, qui pousse dans la terre pour s'épanouir au-dessus de l'eau et s'ouvrir au soleil. Cette position immobile mais droite a le pouvoir de calmer vos nerfs et votre esprit, et d'éveiller votre énergie. Elle vous permet de prendre un temps de réflexion, de vous reconnecter à votre être profond pour réfléchir au sens de votre vie.

Ma 10e maison : ma carrière

Cette lune vous invite à vous concentrer sur votre travail et votre carrière. Est-ce que vous avez osé vous mettre en lumière ou vous lancer dans le job de vos rêves ? Faites le point sur ce qui vous apporte de la joie, ce qui vous stimule, vos compétences, ce que vous souhaitez apporter au monde… Et ne baissez pas les bras si vous traversez quelques zones de turbulences ! Cette lunaison est une invitation à trouver et à prendre votre place, guidée par vos aspirations.

Les choses dont je dois me libérer

Abandonnez toutes vos frustrations par rapport à votre travail ! C'est le moment de vous prendre en main et de changer les choses pour être enfin satisfaite. Il n'est plus question de ruminer, de vous plaindre que la situation n'évolue pas et de rester les bras croisés à constater que vous n'êtes pas heureuse !

Mon petit rituel : je clarifie mes idées avec la respiration du feu

La respiration du feu, qui vient du yoga, nettoie le mental de ses pensées négatives et apaise les états émotionnels intenses. Elle relaxe le système nerveux et vous recentre sur vos sensations corporelles. Elle vous permet d'avoir les idées plus claires afin de prendre les meilleures décisions pour votre carrière et votre quotidien. Son principe : une expiration dynamique et une inspiration détendue, un peu comme une respiration inversée. Elle est assez rapide, 1 à 2 respirations par seconde.

Let's go !

Asseyez-vous dans une position confortable et étirez votre colonne sans exagération, veillez à effacer légèrement la courbure de la nuque en rentrant le menton. Expirez l'air par le nez en poussant rapidement et fortement le nombril vers la colonne vertébrale, puis relâchez cette pression afin que l'inspiration se fasse naturellement par le nez. Pratiquez pendant quelques minutes, en étant à l'écoute de vos sensations et en augmentant au fur et à mesure de vos pratiques si vous le souhaitez. Attendez quelques minutes avant de vous relever, le temps que l'énergie se stabilise.

Mon HE coup de pouce : menthe poivrée

La menthe apporte fraîcheur, dynamisme et tonus. Elle calme les colères et vous permet d'être sereine face aux frustrations pro et perso. Elle renforce le cerveau analytique, aide à avoir les idées claires, à gravir les échelons et à accéder à la réussite professionnelle. Elle vous permet de trancher lorsque vous vous sentez débordée par vos peurs ou des émotions difficiles. Elle vous apporte la capacité à voir loin, à vous projeter et à avoir des objectifs.

Ma posture de yoga : l'arbre (vrksasana)

Les arbres sont solides malgré l'exposition constante aux éléments et sont très adaptables. Ils sont flexibles dans les vents violents, mais se brisent rarement grâce à leur profond enracinement. Cette posture vous invite à rester suffisamment flexible pour affronter les difficultés dans votre quotidien professionnel. Debout, dans cette pose, contemplez qui vous êtes, vos valeurs afin de vous sentir sereine et de rester fidèle à vous-même.

Ma 11e maison : mes amis et mes liens sociaux

Cette lune vous plonge au cœur de vos émotions vis-à-vis de votre entourage et vous interroge sur la façon donc vous distribuez votre énergie. Avez-vous tendance à être dépendante, à demander beaucoup d'attention, à vous comparer ? Ou, à l'inverse, êtes-vous secrète, réservée et solitaire, ou encore facilement distante ? C'est le moment de vous demander comment vous fonctionnez avec les autres. Revenez à vous si vous vous oubliez dans vos relations ou bien ouvrez-vous davantage si vous vous protégez trop.

Les choses dont je dois me libérer

La peur du jugement, de l'abandon, de la trahison, de l'injustice… Les autres ne sont que des miroirs de vous-même, avec leurs histoires et leurs peurs, ils vous rappellent les vôtres ou vous confrontent à vos propres réactions. Analysez vos relations afin d'en apprendre plus sur vous. Ne vous sentez plus obligée d'agir de telle ou telle façon, de rendre des comptes lorsque vous n'avez pas envie de vous rendre à un événement ou que vous souhaitez faire une expo en solo. Vous ne devez rien à personne. Prenez de la distance avec les exigences de la société, suivez vos envies et vos instincts !

Mon petit rituel : j'accorde mon pardon

Installez-vous et fermez les yeux quelques minutes, prenez 3 grandes respirations et connectez-vous à vos sensations corporelles. Puis prenez une feuille et notez toutes les personnes à qui vous avez quelque chose à pardonner. Vous pouvez vous inclure, car nous avons tendance à beaucoup nous juger ! Écrivez en face de chacune d'elles : « Je te pardonne pour… » Parfois, cela sera trop difficile, ce n'est pas grave ! Laissez-vous le temps d'y revenir plus tard, plusieurs mois, voire plusieurs années après. Le pardon doit venir du cœur et non de la tête, vous ne pourrez pas vous mentir. Une fois votre liste terminée, pliez-la et déposez-la sur

votre cœur. Vous pouvez répéter : « Je vous pardonne, merci. » Observez les sensations dans votre corps.

Mon HE coup de pouce : litsée citronnée

La litsée citronnée est idéale pour favoriser les relations sociales. Elle tranquillise et calme, aide à se sentir davantage en confiance. Elle rebooste l'assurance, favorise l'ouverture aux autres et apporte de la douceur. Avec elle, faites rayonner votre personnalité et attirez à vous des personnes bienveillantes, de confiance, qui vous sont bénéfiques. Elle porte des énergies similaires à un petit soleil dans votre vie !

Ma posture de yoga : la pince (paschimottanasana)

La pince procure ancrage, stabilité, alignement et sérénité. Elle permet d'évacuer l'excès d'énergie afin de soutenir le système nerveux. Elle facilite l'abandon, la résilience et le retrait des sens, évitant ainsi les pertes inutiles d'énergie face à des situations de conflits. Elle développe également la confiance en soi et le sentiment de sécurité, ce qui vous permet de ne plus le chercher à l'extérieur, dans vos relations, mais de le trouver en vous.

Abandonnez-vous dans cette posture. Ne forcez pas sur les cervicales, ne faites pas d'effort, et observez les émotions qui émergent.

Ma 12e maison : mes secrets et mon temple intérieur

C'est certainement la maison la plus intense. Prenez du temps pour vous afin d'en intégrer les énergies. Vous avez certainement eu une vie très remplie jusqu'à maintenant, autorisez-vous à vous ressourcer et à vous reposer. Cette lune vient mettre en lumière les zones de vous-même les plus profondes, les plus sombres et les plus inconscientes. Ne culpabilisez plus pour les erreurs du passé, intégrez simplement toutes les leçons apprises et essayez d'identifier ce que cela dit de vous et du chemin qu'il vous reste à parcourir. L'objectif : abandonner vos parts sombres.

Les choses dont je dois me libérer

Toutes les choses que vous préférez refouler, vos peurs, vos blessures, les sujets sensibles… Reconnectez-vous avec la gratitude, le pardon, la bienveillance et tentez d'observer le monde qui vous entoure avec davantage d'amour. Rien ni personne ne peut vous rendre malheureuse ou heureuse, la responsabilité de votre vie est entre vos mains. Prenez alors la décision de vous écouter, d'agir avec votre cœur, de faire taire votre ego et de magnifier vos ombres autant que vos lumières. Vous êtes une belle personne, intégrez-le !

Mon petit rituel : je traverse mes peurs

Afin de traverser vos peurs et de faire le choix du cœur dans votre quotidien, il est important d'identifier ce qui vous bloque, ce qui vous empêche d'avancer. Installez-vous confortablement et prenez 3 grandes inspirations pour vous centrer sur vos sensations et clarifier vos pensées. Prenez une feuille et un stylo, puis notez toutes les choses dont vous avez peur, par exemple de manquer d'argent, d'être jugée, de ne pas trouver l'amour… Ensuite, tentez d'identifier la racine de chacune : est-ce qu'il s'agit d'une croyance familiale, de quelque chose qui s'est ancré en vous après une mauvaise expérience ou une notion inconsciente et infondée ? Enfin, en face de chacune de vos peurs, écrivez son contraire ; par exemple : « J'ai peur de manquer » devient : « L'argent arrive vers moi », afin de mobiliser la loi d'attraction. Relisez cette liste à haute voix, puis pliez le papier et portez-le sur votre cœur pour l'ancrer en vous.

Mon HE coup de pouce : cèdre de l'Atlas

Le cèdre de l'Atlas apporte un sentiment de grandeur, il stimule la noblesse du cœur et vous aide à prendre votre juste place dans ce monde. Il équilibre et booste votre ego afin que vous appréciiez et reconnaissiez votre juste valeur. Il vous offre également un sentiment d'ancrage à la Terre et dans l'instant présent, tout en vous permettant d'avancer dans votre développement spirituel et personnel. Avec lui, partez à la rencontre de vous-même !

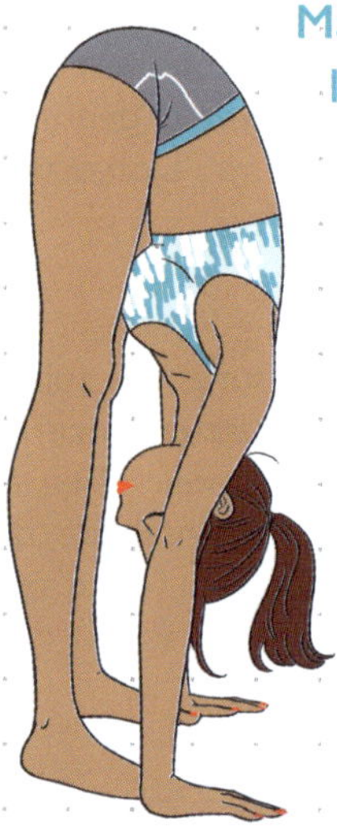

Ma posture de yoga : la cigogne (uttanasana)

La posture de la cigogne est une posture d'abandon, elle vous permet de maintenir votre équilibre tout en relaxant votre corps. Elle vous invite à relâcher vos pensées et vos émotions, à arrêter de lutter, pour suivre le mouvement de la vie et vous ouvrir à toutes les possibilités. Elle favorise la résilience, le calme, la paix et la capacité à vivre davantage l'instant présent. Elle est très utile lorsqu'on pense trop, pour rééquilibrer l'énergie et la répartir dans tout le corps. Grâce à elle, abandonnez-vous complètement à vos désirs secrets. Autorisez-vous à rêver !

MON CALENDRIER LUNAIRE 2022

2 janvier 2022	17 janvier 2022

Capricorne	Cancer
1er février 2022	16 février 2022

Verseau	Lion
2 mars 2022	18 mars 2022

Poissons	Vierge
1er avril 2022	16 avril 2022

Bélier	Balance

30 avril 2022	16 mai 2022

Taureau	Scorpion
30 mai 2022	14 juin 2022

Gémeaux	Sagittaire
29 juin 2022	13 juillet 2022

Cancer	Capricorne
28 juillet 2022	12 août 2022

Lion	Verseau

27 août 2022  Vierge	10 septembre 2022  Poissons
25 septembre 2022  Balance	9 octobre 2022  Bélier
25 octobre 2022  Scorpion	8 novembre 2022  Taureau

23 novembre 2022  Sagittaire	8 décembre 2022  Gémeaux
23 décembre 2022  Capricorne	

MON CAHIER MINCEUR
MON CAHIER MINCEUR
MON CAHIER MINCEUR
MA GROSSESSE ET MOI
MON BÉBÉ ET MOI
VENTRE PLAT
VENTRE PLAT
LE SEXE ET MOI
100% ANTI-ÂGE
DÉTOX
YOGA
RUNNING
ABDOS-FESSIERS
VEGGIE
MON DRESSING IDÉAL
BRÛLE-GRAISSE
PENSÉE POSITIVE
ANTI-STRESS
FORME ET MINCEUR APRÈS BÉBÉ
RÉGIME PALÉO
PILATES
BEAUTÉ
DIGITAL DÉTOX
STOP AU SUCRE
SANS GLUTEN
FITNESS
MINCIR AVEC LA MÉDECINE CHINOISE
YOGA DÉTOX
AQUAFITNESS
BEACH BODY
GREEN DÉTOX
BODY TRAINING
RÉGIME CRU
MÉDITATION
HUILES ESSENTIELLES
BOXE TRAINING
MON CHAT & MOI
RANGEMENT FEEL GOOD
TRAIL RUNNING
YOGA MÉDITATION
SOFT FITNESS
BODY MINCEUR
HAIR BEAUTY
JOLIE PEAU
FITNESS FOOD
DANSE PILATES
HYGGE HAPPY THÉRAPIE
YOGA SCULPT
TATOUAGE
YOGA FLOW
OBSTACLE TRAINING
PERFECT TIMING
SUPER ORGANISÉE
MON BULLET AGENDA
BULLET AGENDA
MINCEUR HEALTHY
MINCEUR ZÉRO SUCRE
STOP SMOKING
AYURVEDA
VÉLO TRAINING
DÉFI VOYAGE SOLO
HIIT
CRISTAL POWER
MACADAMTRAINING
OBJECTIF MINCEUR EN 12 SEMAINES
MES 100 MODÈLES BULLET AGENDA
BAIN DE FORÊT
ATTITUDE BODY POSITIVE
PILATES INTENSIF
PILATES BOOTY
RITUEL POWER
LUNE
MASSAGE
IKIGAI
OBJECTIF MINCEUR EN 12 SEMAINES
MARIAGE
GREEN POWER
SOPHRO
OBJECTIF ZÉRO WASTE EN 12 SEMAINES
PILATES MINCEUR
GAINAGE
ZÉRO DÉCHET
TAROT
OBJECTIF BIKINI EN 12 SEMAINES
FIT & GREEN
CARDIO-PILATES
HUILES ESSENTIELLES AU FÉMININ
GOOD VIBES
OBJECTIF BUDGET EN 12 SEMAINES
OBJECTIF EN 12 SEMAINES
OBJECTIF EN 12 SEMAINES
FÉMININ SACRÉ
COCOONING AVEC LES PLANTES
YOGA FÉMININ
MES RITUELS YOGA
OBJECTIF EN 12 SEMAINES
BODY SCULPT
ASTRO
YOGA DU VENTRE
KUNDALINI YOGA
ZÉRO GRAS
HAPPY FEELINGS
STRONG YOGA
MON CAHIER 2021
HIIT YOGA
INTUITION
HAPPY AT WORK
ABDOS SCULPT
YOGA MINCEUR
PILATES DÉTOX
MÉDITATION AVEC LE SON
GLOW
CHAMANE
SEXO
MON AGENDA 2022
YIN YOGA
SÉRÉNITÉ
VENTRE HEUREUX
CHAKRAS
POWER ATTITUDE
MON CAHIER

Direction : Jean-Louis Hocq
Direction éditoriale : Marion Guillemet-Bigeard
Édition : Gwladys Greusard
Conception et mise en couleur de la couverture : Stéphanie Brepson
Rabats : Sophie Delannoy
Correction : Christine Cameau
Maquette et mise en pages : Nord Compo
Fabrication : Laurence Duboscq

ISBN : 978-2-263-17492-6
Code éditeur : L17492
Dépôt légal : janvier 2022

Imprimé en France par Clerc
94, rue de la Brasserie, 18200 Saint-Armand-Montrond

SolarEditions mylifeisbeautiful.fr
solar_editions mylifeisbeautiful.fr

Solar, un département d'édi8
92, avenue de France
75013 Paris